Elke Schwarzer

# PLASTIKFREI GÄRTNERN

Über 150 nachhaltige Alternativen
und Upcycling-Ideen

# INHALT


*Plastik unter der Lupe* 4

Gute Gründe 7
Plastik, und dann? 8
Alternativen: altbewährt 12
Alternativen: neu gedacht 14
feature
**Gartengestaltung ohne Plastik** 16
Wenn es nicht ohne Plastik geht 18

*Neues Grün ohne Plastik* 21

Grün und gratis: neue Pflanzen 22
#machsnachhaltig
**Saatgut aufbewahren und aussäen** 28
feature
**Problem Plastiktopf – und die Lösung?** 30
Keimzeit: Anzuchtgefäße 32
Mobile Kübel und Kästen 34
Upcycling statt neu kaufen 36
#machsnachhaltig
**Neue Pflanzgefäße durch Upcycling** 38
Blumenerde – aus dem Sack? 44
#machsnachhaltig
**Pflanzenstecker** 46
#machsnachhaltig
**Pflanzenschutz** 48

*Gießen und Düngen* 51

Wasserträger: Gießkannen 52
feature
**Der Trockenzeit trotzen: Gießtipps** 54
Regentonnen und Zisternen 56
Am Tropf: Kübelbewässerung 58
#machsnachhaltig
**Der Rain-Garden: wenn's zu nass wird** 60
Düngen – womit und wie viel? 66
#machsnachhaltig
**Das Magerbeet** 68
#machsnachhaltig
**Flüssigdünger selbst gemacht** 70
Hex, hex: Kompostieren 72
Pflanzenarbeit: Gründünger 74
Stinken für den guten Zweck:
Mist und Co. 76

*Binden, stützen und begrenzen* 79

Bitte anschnallen: Bindematerial 80
Bindungsfähige Pflanzen 82
#machsnachhaltig
**Staudenstützen und Rankhilfen** 86
Stützende Pflanzen 88
#machsnachhaltig
**Beetbegrenzungen** 92
#machsnachhaltig
**Grenzen setzen: Zäune** 96
#machsnachhaltig
**Schnell begrünt: lebender Zaun** 98

## Was man sonst noch braucht 101


Fürs Grobe: Gartenwerkzeug 102

Was ziehe ich an: Gartenkleidung 104

#machsnachhaltig

**Upcycling: Gartenwerkzeugtasche 106**

Endlich ausruhen: Gartenmöbel 108

Für Sammler: Eimer und Säcke 110

Tschüss Unkrautfolie! 112

#machsnachhaltig

**Vogelfutter 116**

#machsnachhaltig

**Hände waschen 118**


## #machsnachhaltig-Infos 121


Bezugsquellen 122

Zum Weiterlesen 124

Im Netz 125

Mein Dank 125

Register 126

Eine ideale Welt ist kompostierbar!

VERBENA
MIX
& MATCH

# PLASTIK UNTER DER LUPE

Plastik ist bunt und sehr praktisch – außer es landet in der Umwelt. Und der wird es langsam zu bunt mit dem kunterbunten Müll für die Ewigkeit. Doch was ist Plastik eigentlich genau? Welche Unterschiede gibt es in Bezug auf Schadstoffe und Recyclingfähigkeit? Und was passiert mit den Teilen, wenn wir sie nicht mehr brauchen und in die Wertstoffsammlung geben?

## KUNTERBUNT AUF EWIG

→ Kunststoffe haben so viele Talente, dass sie sofort nach ihrer Erfindung die Welt und die Herzen erobert haben. Sie sind leicht, wasserdicht, formbar, in allen Farben und günstig herzustellen. Plastikteile werden außerdem sagenhaft alt. Ihre ewige Jugend ist im Haushalt toll, aber nicht, wenn sie im Meer treiben. Und dorthinein gelangt der Abfall vor allem durch die Flüsse. Erdölbasierter Kunststoff ist nicht biologisch abbaubar, daher bleibt er für eine Ewigkeit in der Umwelt, je dickwandiger, umso länger. Die dünnen Gemüsetüten aus dem Supermarkt halten dagegen „nur" wenige Jahrzehnte aus.

## MIKROPLASTIK

→ Auch wenn die Plastikteile von der Bildfläche verschwunden sind, sind sie noch da: Sie zerfallen in immer kleinere Teile und werden schließlich zum Schrecken der Meere: Mikroplastik. Die Achillesferse ist einerseits mechanischer Abrieb, etwa durch die Meeresbrandung, andererseits UV-Licht. Weichmacher entfleuchen außerdem irgendwann und machen das Material spröde. Einfangen kann man Mikroplastik nicht mehr. Doch auch große Plastikteile können Tiere gefährden, wenn sie sich beispielsweise in weggeworfenen Kunststoffnetzen verfangen. Alles Gründe, unsere Liebe zum synthetischen Material zu überdenken.

## PLASTIKLOS GLÜCKLICH

→ Wann hat Klopfen auf Plastik jemals Glück gebracht? Und eines können Kunststoffe nicht: im Alter mit Kratzern und Rissen noch gut aussehen. Es hat schon seinen Grund, warum das Wort Patina nur sehr sparsam in Verbindung mit Plastik verwendet wird. In Schönheit altern können andere Materialien besser. Denk nur an Flechten auf Holz, Moos an Stein oder Rost an Metall. Und selbst, wenn er defekt ist, taugt ein Gegenstand immer noch als Deko oder wird vom Garten vereinnahmt und zu Humus umgewandelt. Ein defektes Gerät aus Plastik aber gilt eher als Schandfleck und wandert schnellstens in den Müll.

## DER RUNDUM GRÜNE GARTEN

→ Die gute Nachricht: Im Garten ist es einfacher als im Haushalt, auf Kunststoffe zu verzichten. Und schöner ist es auch! Wir können natürliche Materialien einsetzen, unsere eigene Blumenerde herstellen, Dünger aus Pflanzen gewinnen oder das Grünzeug selbst heranziehen, damit es vom Keimlingsstadium an seinen plastikfreien Lebensweg beginnen kann. In diesem Buch erfährst du, welche Alternativen es gibt, wie sie sich im Garten einsetzen lassen und was sich selbst herstellen lässt – denn auch wenn ein Produkt selbst nicht aus Kunststoff ist, kommt es gekauft doch meist in einer Verpackung daher.

MODERNE BAUWEISE: VOGELNEST MIT DEM REST EINER PLASTIKTÜTE.

# PLASTIK, UND DANN?

Kennst du das auch, dass bei einem nagelneuen Gerät gleich bei der ersten Benutzung ein entscheidendes Plastikteil abbricht, während andere ewig halten? Kunststoff ist nicht gleich Kunststoff, das gilt auch für seine Recyclingfähigkeit. Was passiert eigentlich mit unserem Müll aus der gelben Tonne?

## *Gut sortiert ist halb recycelt*

Zunächst einmal sind sortenreine Kunststoffe die Musterschüler in der Wiederverwertung. Oft scheitern zusammengesetzte Verpackungen nämlich schon an den Sortieranlagen, die sie nicht sicher erkennen können – und im Zweifel werden die Behälter lieber der Verbrennung zugeführt. Dies wird liebevoll „thermische Verwertung" genannt, setzt aber jede Menge $CO_2$ frei. Hier kann man aktiv mithelfen und die Deckel getrennt in die Wertstofftonne oder den gelben Sack werfen, zum Beispiel beim Joghurtbecher. Für ein sinnvolles Recycling müssen aber auch die verschiedenen Polymer-Arten auseinandersortiert werden.

Ohne den Recyclingcode abzulesen sieht ein Plastikteil für uns aus wie das andere, aber den Nah-Infrarot-Scannern (NIR) der Sortieranlagen entgeht nichts: Mit ihren Argusaugen können sie die Kunststoffarten unterscheiden, denn sie reflektieren die Infrarotstrahlung in verschiedenen Wellenlängen – vorausgesetzt, das Müllteil ist nicht schwarz und

DIESER PFLANZTOPF BESTEHT AUS RECYCLING-MATERIAL UND KÖNNTE SOGAR WIEDER AUFERSTEHEN, WENN ER IN DER WERTSTOFF-SAMMLUNG LANDET.

schluckt einfach alles. Hat sich der Scanner dafür entschieden, dass das gute Stück aus einem recyclingfähigen Material besteht, wird es mit Druckluft in den richtigen Behälter sortiert. Hoffnungslose Teile landen auf einem anderen Stapel.

Selbst wenn es gelingt, den Hausmüll vollständig zu recyceln, ist dies doch mit einem hohen Energieaufwand verbunden. Daher ist es immer besser, die Wertstofftonne oder den gelben Sack auf Diät zu setzen und möglichst auf Verpackungen zu verzichten.

## Plastik beim Namen nennen: Kunststoffarten

Wie gut lassen sich die einzelnen Kunststoffarten nun wiederverwerten? Die Streber bei den sortenreinen Materialien sind Getränkeflaschen aus Polyethylenterephthalat (PET), die vollständig recycelt werden können, da sie nicht durch Lebensmittelreste verunreinigt sind. Zu einem gewissen Anteil wird recyceltes PET auch wieder zu einer Flasche, aber auch im Garten kann es eine zweite Karriere starten, etwa als Handschuh oder Pflanztasche. Aus transparenten grünen Flaschen werden Anzuchtpaletten für Orchideen gemacht, die keine lichtscheuen Wurzeln haben. Die Plastikflaschen lassen sich leicht vermeiden, indem man Wasser

Trojanisches Pferd: Bastel-Beton enthält oft Kunststofffragmente, die irgendwann im Garten landen.

aus dem Hahn zapft und für unterwegs Metallflaschen befüllt.

Polyethylen (PE) kommt in den Varianten High- und Low-Density daher, also hoher und niedriger Dichte. Diese Kunststoffart ist recyclingfähig, aus hochdichtem Polyethylen werden zum Beispiel mit einem hohen Recyclinganteil Thermokomposter hergestellt. Die Variante mit niedriger Dichte dient zur Herstellung von Teichfolie. Polyethylen gilt als unbedenklich und setzt keine Schadstoffe frei.

Polypropylen (PP) ist ebenfalls ungiftig und wird zum Beispiel für Pflanztöpfe verwendet. Aus Polystyrol (PS) bestehen oft die stabilen Pflanzentrays, auf denen getopfte Ware an Gartencenter geliefert wird – manche Baumärkte haben Rücknahmeverträge mit den Herstellerfirmen der Trays, die sie direkt wiederverwerten. Sogar verunreinigtes Polystyrol kann mittlerweile gut recycelt werden.

Giftig sind Polyvinylchlorid (PVC) und Polycarbonat (PC). Sie enthalten leicht lösliche Weichmacher wie Phthalate, die das Hormonsystem schädigen können. In Polycarbonat kommt oft Bisphenol A (BPA) vor, daher sollte man Alternativen ohne BPA verwenden. Der Kunststoff Tritan® soll dabei die eierlegende Wollmilchsau sein: Erst 2007 wurde dieses transparente, hitzebeständige und BPA-freie Material erfunden. Vor allem Trinkflaschen werden daraus hergestellt. Bislang wurde dem

Stoff sein Heiligenschein noch nicht zuverlässig aberkannt – nur Edelstahl und Glas sind wirklich über jeden Zweifel erhaben.

Gartenschläuche, Teich- oder Hochbeetfolien sind oft aus PVC, hier solltest du lieber auf Polyethylen-Produkte ausweichen. PVC wird aber bereits teilweise recycelt, Tendenz steigend. Silikon ist unbedenklich, wenn es nicht über 200 °C erhitzt wird. Es basiert nicht auf Erdöl, hat eine vorbildlich lange Nutzungsdauer und kann recycelt werden. In Verruf ist dagegen Melamin geraten, das beim Erhitzen oder durch Säureeinwirkung Formaldehyd abgeben kann.

Die bei den Kunststoffarten genannten Abkürzungen findest du auf Verpackungen und Küchenhelfern wieder, so weißt du immer, was du vor dir hast. Bei Gartengeräten fehlt das Siegel oft, aber der Hersteller kann darüber Auskunft geben. So habe ich zum Beispiel herausgefunden, dass mein heiß geliebter grüner Thermokomposter (Alter: 15 Jahre und kein bisschen müde) mehrheitlich aus Recycling-Polyethylen hoher Dichte besteht.

## *Das Kleingedruckte: Recycling-Codes und Abkürzungen*

| Kunststoffart | Abkürzung | Recycling-Code |
|---|---|---|
| Melamin | MF | – |
| Polycarbonat | PC | 07 |
| Polyethylen hoher Dichte | PE-HD | 02 |
| Polyethylen niedriger Dichte | PE-LD | 04 |
| Polyethylenterephthalat | PET | 01 |
| Polypropylen | PP | 05 |
| Polystyrol | PS | 06 |
| Polyvinylchlorid | PVC | 03 |
| Silikon | SI | – |
| Tritan® | O (Other) | 07 |

## VERSTECKTES PLASTIK

Verflixt und zugenäht! Warum finde ich jedes Jahr im Komposter diese geisterhaft transparenten Hüllen? Was sich da so unnachgiebig zeigt, sind die Netze der Kokosquelltöpfe, die aus Kunststoff bestehen.

Hier weitere Fälle von Kunststoffen, die sich unbemerkt durchmogeln:

- Holzleim klingt nett und harmlos, besteht aber vielfach aus einem Acrylat.
- Die alte Teflonpfanne als Pflanztopf? Besser nicht, die Beschichtung enthält Kunststoff.
- Teebeutel sind oft mit Polyethylen stabilisiert oder verklebt, manche bestehen sogar komplett aus Nylon. Für den Kompost sind lose Tees aus einem Metall-Teesieb geeigneter.
- Küchenpapier kann mit Mikroplastik verunreinigt sein und hat daher im Komposter Hausverbot.
- Pilliertes Saatgut ist praktisch und schön griffig, hat aber eine Hülle aus Polymeren, zum Beispiel Polyurethan, daher lieber selbst gesammelte oder andere hüllenlose Samen verwenden.
- Bastel-Beton, aus dem sich für den Garten sehr leicht Deko-Objekte gießen lassen, kann Kunststofffragmente enthalten, damit er sich besser verarbeiten lässt.

# ALTERNATIVEN: ALTBEWÄHRT

Bevor es Plastik gab, war Holz der meistverwendete Baustoff. Auch heute lässt es sich vielseitig im Garten einsetzen und bekommt mit der Zeit eine schöne Patina. Ob Gartenstuhl, Hochbeet, Regenfass, Terrassenbelag oder Komposter – aus Holz lässt sich fast alles herstellen. Da es sich um ein natürliches Material handelt, nagen nicht nur der Zahn der Zeit an ihm, sondern auch Insekten und Pilze. Ohne sie wäre der Waldboden übersät mit alten Ästen und Baumstämmen.

Im Garten ist man weniger begeistert, wenn holzzersetzende Pilze ihren Dienst antreten. Es lohnt daher, auf möglichst haltbare Holzarten zu setzen, die idealerweise aus heimischen Wäldern und nicht aus illegalen Quellen stammen. Unter den europäischen Hölzern sind Lärche, Kiefer, Eiche und Kastanie in der Lebensdauer weit vorn.

Auch der fachgerechte Einbau sorgt für eine lange Haltbarkeit. Das Holz sollte möglichst keinen Bodenkontakt haben. Senkrechte Teile werden daher in einer Metallhülse in den Boden einbetoniert und bekommen obenauf noch eine schützende Metallhaube. Staketenzäune werden quasi kontaktlos und schwebend an Stäben aus Bewehrungsstahl angebunden. Bei Terrassendielen mindern Klammern statt Schrauben die Angriffsfläche für Wasser, auch muss es von der Terrasse immer gut abfließen können, ohne dass sich Pfützen bilden.

## *Heimische Hölzer*

Eine Holzterrasse muss nicht unbedingt aus den Tropen kommen: Als industriell hergestelltes Thermoholz lassen sich auch heimische Hölzer wie Buche oder Esche, die naturbelassen nicht lange halten würden, nutzen.

Durch die thermische Behandlung bekommt das Holz ein appetitanregendes Röstaroma, der Duft verfliegt aber mit der Zeit, damit nichts vom abendlichen Spektakel des Wald-Geißblatts am Sitzplatz ablenkt.

Auch eine sehr alte Technik der Holzkonservierung wird wiederentdeckt: Durch leichte Flammeneinwirkung wird die Oberfläche verkohlt und damit gegen Pilze versiegelt.

Meistens bekommt man im Baumarkt kesseldruckimprägniertes Holz, das unter Druck mit Holzschutzsalzen behandelt wurde, die nicht unbedingt umweltverträglich sind. Pilze haben teilweise auch schon herausgefunden, wie sie das behandelte Holz trotzdem knacken können. Schutzlasuren und -lacke können die Haltbarkeit von Holz zusätzlich verlängern. Am natürlichsten ganz ohne Kunststoff ist Leinölfarbe.

Holzwände tragen zudem gern Pelz – aus Efeu oder Wildem Wein, doch nur, wenn die Triebe nicht zwischen die Holzteile wachsen können, wo sie Bärenkräfte und einige Sprengkraft entwickeln können.

EIN BISSCHEN GLANZ AUF DEM FENSTERBRETT: BALKONKÄSTEN MÜSSEN NICHT AUS KUNSTSTOFF SEIN, ALTE DACHRINNEN ODER GEKAUFTE METALLKÄSTEN ERFÜLLEN DENSELBEN ZWECK.

CORTENSTAHL KANN, WAS PLASTIK NICHT SCHAFFT: IN WÜRDE ROST ANSETZEN. TROTZDEM HÄLT ER LANG.

## *Ton, Steine, Metall*

Metall ist eine weitere Kunststoffalternative. Verzinkt, als Edel- oder Cortenstahl lässt es sich pflegeleicht und für eine kleine Ewigkeit im Garten einsetzen, es darf gerne sogar nass werden. Dicker Bewehrungsstahl als Stab oder Matte eignet sich gut für langlebige Rankgerüste. Auch pulverbeschichtetes Metall ist robust, man darf es nur nicht allzu grob mit schwerem Gerät misshandeln, da die kunststoffbasierte Schicht abplatzen könnte. Lässt man nur Wasser und Pflanzen in Kontakt mit ihm treten, macht es lange Freude.

Ton und Terrakotta sind altbewährt und immer schön. Aus ihnen werden Ziegel, Kübel und Figuren gemacht. Stein ist schwer, aber ewig haltbar, wenn man ihn erst mal an Ort und Stelle gewuchtet hat. Aus Findlingen können gewichtige Miniteiche entstehen. Mauern, Weg- und Terrassenbeläge aus regionalem Naturstein oder gebrauchten Materialien aus Abbruchhäusern sind unverwüstlich.

# ALTERNATIVEN: NEU GEDACHT

Jute statt Plastik? Da war doch was – Ende der 1970er-Jahre bemühte man sich auch schon mal, das Shoppen nachhaltiger zu machen. Verdrängen konnte die braune Jutetasche die bunte Plastiktüte nicht, vielleicht weil sie so kratzig war und merkwürdig roch.

Heute sollen es kompostierbare Folienbeutel richten, die gern zum Sammeln von Küchenabfällen genutzt werden und ein reines Gewissen versprechen, da immerhin kein Erdöl benötigt wird und später Kompost daraus werden soll. Hergestellt werden sie aus modifizierter Mais- oder Kartoffelstärke, doch selten aus biologischem Anbau. Das Wort „Bioplastik“ sagt also nichts darüber aus, ob beim Anbau der Ausgangsmaterialien Pestizide oder mineralischer Dünger eingesetzt wurden.

Wird denn wenigstens schöner Kompost daraus? Leider weigern sich viele biobasierte Kunststoffe standhaft, im Gartenkompost zu zerfallen, da sie erst bei höheren Temperaturen klein beigeben. Ich habe es auch erst ganz euphorisch versucht und angeblich kompostierbare Verpackungen feierlich dem Komposter übergeben – und sie jedes Jahr erneut in der Hand gehabt. Wiedersehen macht doch nicht immer Freude.

Gibt man die Tüten und Verpackungen mit oder ohne Inhalt in die Biotonne, gelten sie im Kompostierbetrieb als Spielverderber, denn oft verrotten sie selbst dort nicht in annehmbarer Zeit und werden lieber verbrannt. Außerdem kann Bioplastik nicht sicher von herkömmlichem Plastik unterschieden werden, es hat oft dieselbe Farbe oder ist sogar transparent. Weniger transparent ist, welches Material verwendet wurde: Im Zweifel wird lieber alles aussortiert, was nach Plastik aussieht – und die Ökobilanz ist bei erdölbasierten Produkten dadurch am Ende sogar besser, da es dafür erprobte Recyclingketten gibt.

Da ich in der glücklichen Lage bin, einen Komposter im Garten zu haben, kann ich ganz auf Folienbeutel zum Sammeln der Küchenabfälle verzichten. Der Weg zum Komposter ist kurz, daher sammle ich alles in der Küche in einer Emailleschüssel, die sich leicht reinigen lässt. Für die Biotonne ist Papier eine garantiert kompostierbare Variante, um die Küchenabfälle zu sammeln.

Gibt es denn eigentlich wirklich kompostierbare Folien, die einem nicht jedes Jahr beim Entleeren des Komposters entgegenflattern, faltenfrei wie ein Hollywoodstar? Manche Hersteller verpacken Lebensmittel in Klarsichtfolie aus Zellulose, also Holz. Sie soll sich nach sagenhaften 45 Tagen Schmoren im Komposter tatsächlich verkrümelt haben. Ich habe es ausprobiert, den Folien zur Sicherheit ein ganzes Jahr Zeit gegeben – und sie nie wiedergesehen.

Halbwegs solide sind Wood-Plastic-Composites (WPC), eine Mischung aus Holzmehl und Kunststoff. Das Material soll die Feuchteresistenz von Kunststoff und das Naturburschenimage von Holz verbinden. Dennoch können UV-Licht, Pilze und Nässe ihm mit der Zeit schaden, denn der Holzanteil ist auch mit der Kunststoffbeimischung angreifbar. Und was macht man, wenn es soweit ist und die Terrasse nicht mehr ansehnlich ist? Leider wird nur der Verschnitt neuer WPC-Teile, etwa beim Anlegen einer Terrasse, sinnvoll recycelt. Noch gibt es also keinen Markt für Alt-WPC, es wird verbrannt.

Ein Hoffnungsträger dagegen ist Bambus. Die Halme wachsen schnell und sind lange haltbar. Aus ihnen werden Über- und Pflanztöpfe, aber auch Terrassenbohlen hergestellt.

FEATURE

# GARTENGESTALTUNG OHNE PLASTIK:

Ist es wirklich notwendig, jedes Frühjahr das große Renovieren zu starten? Sehen die Beete im Frühling noch kahl aus, ist es sparsamer, sie mit vielen Blumenzwiebeln zu unterfüttern anstatt nach Art der Wechselflorbeete im Stadtpark immer wieder neu gekaufte, gerade blühende Stauden oder Einjährige im Plastiktopf zu kaufen. Die vorhandene Bepflanzung kann so aufatmen und bleibt an Ort und Stelle. Langlebige Frühlingsblüher sind Hyazinthen, Wildtulpen, Schneeglöckchen, Gefingerter Lerchensporn, Winterlinge, Elfen-Krokusse, Hasenglöckchen, Trauben-Hyazinthen, Blaustern, Schneeglanz und kleinblütige Narzissen.

Ein neuer Garten sollte im ersten Jahr genau beobachtet werden, bevor vielleicht Pflanzen gekauft werden, die schon längst da sind. Müssen einige Pflanzen entfernt werden, ist es besonders nachhaltig, sie schonend auszugraben und weiterzugeben – das spart wieder einen Plastiktopf bei jemand anderem!

Auch bei Gartengeräten ist das Prinzip „Teile und herrsche" eine gute Sache: Sich Häcksler oder Kettensäge aus dem Baumarkt zu leihen, ist bei gelegentlichem Bedarf praktikabel. Braucht man ein Gerät doch öfter, kann man es sich mit mehreren Nachbarn teilen, das hilft auch gegen die Überfüllung im Gartenschuppen. Es gibt Webseiten, die das Ausleihen von Geräten zwischen Privatleuten in deiner Stadt vermitteln. Rasenmäher, Vertikutierer und Düngewagen kann man sich ganz sparen, indem man Mulchwege anlegt, eine Blumenwiese einsät oder Staudenbeete statt Rasen macht. Und der allerbeste Sonnenschirm ist ein Baum, der wurzelnackt ohne Plastik gepflanzt wurde.

Ohne Häcksler und Biotonne kommst du aus, wenn du eine Totholzhecke anlegst. Hierzu braucht man nur eine Astschere. Das Schnittgut wird einfach zwischen Holzpfähle gestapelt und verrottet in der unteren Schicht, sodass es oben wieder Platz für Nachschub gibt.

*Jedes Jahr erscheinen Vergissmeinnicht wie von Zauberhand in meinen Terrassentöpfen, sodass ich nie Frühlingsblumen kaufen muss.*

*So ein zwangloses Miteinander erreicht man nur mit losen Blumenzwiebeln. Topfware ist nicht flexibel genug und bringt außerdem Torf und Plastik mit.*

## Wir bleiben sitzen: langlebige Stauden, die man nur einmal kaufen muss bzw. als Ableger bekommt

| Deutscher Name | Botanischer Name | Besonderheiten |
|---|---|---|
| Herbst-Anemone | *Anemone hupehensis* (Syn. *A. japonica*) | für Halbschatten, Blüte zwischen Hochsommer und Herbst, je nach Sorte |
| Arzneiehrenpreis | *Veronicastrum virginicum* | Bienenmagnet für die Sonne |
| Russel-Brandkraut | *Phlomis russeliana* | Hummelpflanze für den Gehölzrand im Halbschatten |
| Elfenblume | *Epimedium* spec. | Bodendecker für schattige Plätze |
| Fetthenne | *Sedum* spec. | trockenheitsverträglicher Spätsommerblüher |
| Frauenmantel | *Alchemilla* spec. | als lebende Beetbordüre geeignet |
| Funkie | *Hosta* spec. | Blattschmuckstauden für Halbschatten und Schatten |
| Wald-Geißbart | *Aruncus dioicus* | große Staude mit weißen Blüten für den Schatten |
| Indigolupine | *Baptisia australis* | blaue Schmetterlingsblüten im Mai, für Sonne |
| Kugeldistel | *Echinops* spec. | für trockene Plätze in der Sonne, Bienenmagnet |
| Lenzrose | *Helleborus orientalis* | verträgt Schatten, sät sich selbst aus |
| Pfingstrose | *Paeonia* spec. | Stauden oder kleine Sträucher mit auffälligen Blüten |
| Silberkerze | *Cimicifuga* spec. | weiße Blütenkerzen für den Schatten |
| Taglilie | *Hemerocallis* spec. | essbare Blüten; trockenheitsverträglich, für einen sonnigen oder halbschattigen Standort |
| Kerzen-Wiesenknöterich | *Bistorta amplexicaulis* | weiße, rosafarbene oder rote Blüten für viele Wochen |

# WENN ES NICHT OHNE PLASTIK GEHT

Bei vielen Gartengeräten ist es wirklich schwierig bis unmöglich, auf Kunststoffe zu verzichten. Was ist mit dem Häcksler, diesem lärmenden Ungetüm mit dem großen Maul und dem dicken Panzer aus Kunststoff? Er ersetzt schließlich auch die Biotonne, etliche Mülltüten und Säcke Rindenmulch, die ihm alle zusammen in Sachen Plastikverbrauch kaum nachstehen.

Egal ob Häcksler oder Kunststoffkübel – kommt man um die Anschaffung von neuen Produkten, egal aus welchem Material, nicht herum oder müssen wir uns von etwas trennen, sind diese Punkte wichtig:

- **Überflüssiges bringen wir einfach wieder in Umlauf. Kleinanzeigen helfen bei der Partnervermittlung für ungeliebte Gartengeräte – oder einfach an die Straße stellen mit „Zu verschenken" beschriftet.**
- **Wähle recyclingfähiges Material wie Polyethylen und führe es später der Wiederverwertung zu. Frage zur Not beim Hersteller nach, woraus ein Produkt besteht.**
- **Wenn du die Wahl hast, greife zu einer lebensbejahenden Farbe – schwarze Teile werden in den Recyclinganlagen meist ignoriert und verbrannt.**

- Produkte aus Recycling-Kunststoff und gebrauchte Geräte sind nachhaltiger als die Grünschnäbel aus neuem Material.
- Plastikteile, die du gerade nicht brauchst, solltest du dunkel lagern, damit sie keinem schädigenden UV-Licht ausgesetzt sind.
- Greife zu Qualitätsprodukten. Eventuell lassen sich Bewertungen finden, die etwas über die Langlebigkeit aussagen.
- Achte darauf, ob der Hersteller Ersatzteile oder einen Reparaturservice anbietet. Bei einer hochwertigen Rosenschere zum Beispiel kommt man sehr leicht an neue Klingen oder Federn. Auch Repair-Cafés können helfen, wenn keine Rettung mehr in Sicht ist.
- Je langlebiger ein Produkt ist, umso eher lohnt der Einsatz von Kunststoff. Eine Regentonne oder ein gut konstruierter Thermokomposter, die man jahrzehntelang nutzt, haben eine bessere Ökobilanz als ein Einweg-Plastiktopf.
- Ist doch einmal etwas zu Bruch gegangen, angerostet oder wacklig geworden, lässt sich vielleicht noch etwas mit Upcycling bewirken. Aus der Plastikflasche, die ein Kollege in der Büroküche weggeworfen hat, lässt sich (mit ein paar Löchern versehen, mit Wasser gefüllt und in die Erde versenkt) noch eine Olla, eine Bewässerungshilfe für Kübel, machen.
- Ordnung ist das halbe Kaufen – ein gut aufgeräumter Gartenschuppen bewahrt vor doppelten Anschaffungen.
- Noch ein ganz wichtiges Gebot: Liebe deine Gartengeräte! Nach dem Gebrauch reinigen und trocknen lassen, Gartenscheren säubern und ölen.

Lunaria
Andorn

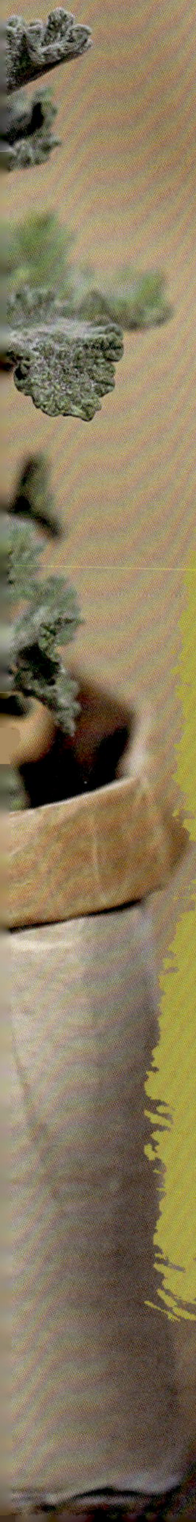

# NEUES GRÜN OHNE PLASTIK

Im Garten eingepflanzt kommen Pflanzen prima ohne Kunststoff aus, doch bis dahin muss man ganz schön aufpassen, um dem Grünzeug einen plastikfreien Lebensweg zu ermöglichen. Von industriellen Lösungen bis hin zu selbst gemachten Töpfen gibt es hier Ideen. Die Pflanzen ziehen wir natürlich am besten auch gleich selbst an, dafür gibt es Tipps, mit welchen Pflanzen das besonders leicht geht. Außerdem findest du hier neue Wege zum Auffinden unverpackten Grünzeugs.

# GRÜN UND GRATIS: NEUE PFLANZEN

Hand aufs Herz: Wer kennt ihn nicht, den Kaufrausch im Gartencenter? Eigentlich wollte man nur schnell ein Tütchen Samen kaufen. Doch beim Anblick der getopften Sommerblumen oder Stauden, die man schon immer haben wollte, geht einem die Contenance schneller verloren, als man „Stopp" sagen kann. Dann erblickt man zu allem Überfluss auch noch das magische Wort „reduziert" am nächsten Regal! Zu Hause kommt dann das jähe Erwachen aus dem Gartencenterkoma: Eigentlich hat man doch gar keinen Platz mehr! Aber jetzt stehen sie da, die neuen Pflanzen, mit ihren finster dreinschauenden Plastiktöpfen, die wir ja eigentlich vermeiden wollten.

Ein Weg, um den Kaufrausch wenigstens in erträgliche Bahnen zu lenken, ist der sportliche: Fährt man mit dem Fahrrad zum Gartencenter, ist der Stauraum sehr begrenzt. Auch im Bus kann man schlecht drei Apfelbäume mitnehmen – ich habe es aber schon geschafft, einen Säulenapfel mit dem Fahrrad zu transportieren.

Vorsicht auch beim Onlineshopping vom Sofa aus! Die Stauden sind nur einen Klick entfernt, doch mit dem Paket kommt auch das schlechte Gewissen, wenn jede Pflanze samt Topf in ihrer eigenen Plastikbox hockt, als könnte sie damit zum Mond fliegen. Gute Versender nehmen Stroh, Heu oder Papier zum Schutz der grünen Fracht. Egal woher, lose Blumenzwiebeln aus der Papiertüte oder kompostierbaren Folie sind besser als vorgetriebene im Plastiktopf. Auf Wochenmärkten werden Pflanzen oft auch ohne Topf in Zeitungspapier verkauft.

### *„Slow Gardening" statt Gartencenter*

Mittlerweile bin ich glücklicherweise fast immun gegen das Kampfshoppen geworden. Es macht viel mehr Spaß, die Stauden aus Samen zu ziehen, Sträucher aus Stecklingen zu vermehren oder einfach über den Gartenzaun zu tauschen – „Slow Gardening" könnte man das nennen.

Tauschbörsen sind ebenfalls eine gute Möglichkeit. Fachsimpeln lässt es sich dort besser als im Gartencenter, und man kommt genauso gut an Raritäten, inklusive Beratung. Selbst wenn die Stauden nicht wurzelnackt, sondern in Plastiktöpfen verschenkt werden, sind diese nach Art des Pfandglases mindestens schon zweimal verwendet worden. Botanische Gärten veranstalten oft Tauschbörsen, hier werden teils Stauden aus der Anlage selbst angeboten, die sich zu breit gemacht haben, wie Kerzen-Wiesenknöterich, Gräser oder Arzneiehrenpreis.

## Findelpflanzen

Stauden und Unmengen an Blumenzwiebeln habe ich auch auf wilden Müllkippen im Wald und entsorgt im Gebüsch neben Schrebergärten gefunden. Da ich mir die Biotonne mit der Nachbarin teile (ein riesiges Plastikteil weniger in der Siedlung), lohnt dort immer ein Blick – ich konnte schon viele Stauden aus den Tiefen der Tonne retten.

Auch der Friedhofsmüll birgt ständig neues Altes, denn nirgendwo wird die Bepflanzung so oft ausgewechselt. Die armen Blumen werden nur als kurzlebige Statisten betrachtet und als Konsequenz entsteht völlig unbeachtet eine Rekordmenge Plastikmüll pro Quadratmeter. Viel sinnvoller wäre, auf eine nachhaltige Grabgestaltung zu achten, die nebenbei meist weniger Arbeit macht.

## Stauden selbst vermehrt

Viel mehr Spaß als Shoppen macht die Aussaat von Sommerblumen und Stauden, hierbei wachsen einem die Pflanzen richtig ans Herz. Einjährige sind ganz einfach, sie werden im Frühjahr ausgesät. Bei vielen Stauden aber muss man sich vorher informieren, ob sie einen Kältereiz brauchen und daher schon im Herbst gesät werden. Storchschnabel, Stauden-Wicke, Purpurglöckchen, Malve, Silbertaler, Ziest-Arten, Purpur-Leinkraut und Küchenkräuter können sofort gesät werden, wenn die Samen von der Pflanze fallen. Lenzrose, Akelei, Storchschnabel, Malve, Frauenmantel, Goldlack, Silbertaler und Glockenblume säen sich auch selbst aus und müssen nur an den passenden Platz umgesiedelt werden. Horstige Stauden wie Storchschna-

Ein Spaten oder eine kleine Handschaufel reichen, und schon ist der Büschel Märzenbecher geteilt.

bel, Herbst-Anemone, Frauenmantel, Fetthenne, Seifenkraut, Russel-Brandkraut, Herbst-Aster, Lungenkraut, Schneeglöckchen, Oregano und viele Ziergräser lassen sich mit dem Spaten teilen und schon hat man weitere Exemplare gewonnen.

## Neue Sträucher frei Haus

Neue Gehölze gefällig? Dann lohnt es sich, im Winter in den Stadtparks nach Schnittgut Ausschau zu halten, denn dann werden die Sträucher auf den Stock gesetzt. Die Zweige werden auf Stapel geworfen, wo sie für einige Tage liegen bleiben. Zu Hause kann man sie in der Vase bewurzeln. Das funktioniert gut mit Efeu, Hartriegel, Roter Heckenkirsche, Liguster, Schneebeere, Weide und Weidenblättriger Spiere. Zweige von Beerenobst, Strauch-Heckenkirsche und Wald-Geißblatt werden im Frühling einfach in Erde gesteckt, wo sie Wurzeln schlagen. Äste vom Sommerschnitt lassen sich bei folgenden Arten genauso zur Stecklingsvermehrung nutzen: Buschmalve, Lavendel, Rose, Holunder, Schneeball oder Sommerflieder. Die Abschnitte sollten 15–20 cm lang sein und werden so in Erde gesteckt, dass ein Viertel oben herausschaut. Dann die Stecklinge gut feucht halten und nicht zu sonnig aufstellen. Sommer-Stecklinge der Buschmalve sind von der ganz schnellen Truppe und schon im Oktober kräftig bewurzelt.
Vorsicht vor Sträuchern mit Ausläufern! Wildrosen wie die Bibernell-Rose sind in dieser Disziplin Meister, weswegen man sich erst über die kostenlosen Ableger freut, später aber überall hinter ihnen her-

jäten muss. Zur Hangbefestigung sind diese Pflanzen jedoch Gold wert.

Bei manchen Gehölzen lohnt der Blick nach unten, sie vermehren sich auch über Samen. Die Keimlinge sind dann im Garten zu finden, oft sogar in Pflasterfugen, wo sie nicht glücklich werden. Das trifft zum Beispiel zu auf Hunds-, Büschel- und Bereifte Rose, Hainbuche, Haselnuss, Holunder, Efeu, Pfaffenhütchen und Sommerflieder. Es dauert zwar länger, bis so ein Findling blüht, aber dann freut man sich umso mehr über das hochgepäppelte Gratis-Grün. Besondere Sorten sollte man aber nicht erwarten, eher wird man eine Promenadenmischung großziehen.

Gehölze, die schwierig selbst zu vermehren sind, wie veredelte Pflanzen, werden in Baumschulen wurzelnackt angeboten, also ohne Plastiktopf. Ist er doch einmal unvermeidlich, lässt sich so ein geräumiger Behälter noch für eine große Zimmerpflanze verwenden. Übrigens ist größer nicht immer besser: Pflanzen im kleineren Topf können sich besser im Garten etablieren, da sie sich noch nicht zu sehr an das Topfsubstrat gewöhnt haben und daher keine Berührungsängste mit der ungewohnten Gartenerde haben. Das spart am Ende Plastik und Geld. In jedem Fall macht der Garten viel mehr Spaß, wenn man zu jeder Pflanze eine Geschichte erzählen kann, anstatt einfach zu sagen: Die ist aus dem Gartencenter.

## Zimmerpflanzen in Sommerfrische

Bevor du Balkonpflanzen kaufst, gönne deinen Zimmerpflanzen einfach einen Sommerurlaub auf Balkonien. Durch den Einsatz unter freiem Himmel kann man Material und damit auch viel Plastik einsparen. Zum „Auswildern“ eignen sich Sukkulenten wie Geldbaum, Echeverie, Agave oder Kakteen,

Der Topf bleibt da: Händler auf Wochenmärkten verpacken Pflanzen auch lose in Zeitungspapier.

aber auch Duft-Geranie, Banane, Zimmer-Aralie, Schefflera, Grünlilie, Zitruspflanzen und viele andere, im Dauerschatten auch der Kaffeestrauch.

Die Pflanzen kommen zum Schutz vor dem für sie noch ungewohnten UV-Licht für ein paar Tage in den Schatten, damit sie keinen Sonnenbrand bekommen. Schöner Nebeneffekt des Freigangs: Bei Regen werden die Blätter automatisch abgestaubt. Leere das Regenwasser aber aus dem Übertopf aus. So hast du Gießwasser parat und die Erde wird von überschüssigen Düngesalzen befreit.

## *Kindergarten auf der Fensterbank: Zimmerpflanzen, die man selbst vermehren kann*

| Deutscher Name | Botanischer Name | So wird's gemacht |
|---|---|---|
| Bogenhanf | *Sansevieria trifasciata* | Pflanze aus dem Topf heben und auseinanderreißen oder ein Blatt in Stücke schneiden und dicht an dicht einpflanzen |
| Brutblatt | *Kalanchoe* spec. | Kindel einpflanzen |
| Drachenbaum | *Dracaena* spec. | Triebspitzen von *D. marginata*, *D. fragrans* und *D. reflexa* wurzeln in der Vase |
| Echeveria | *Echeveria* spec. | Blattstecklinge in Erde setzen |
| Efeutute | *Epipremnum pinnatum* | Triebspitzen bewurzeln im Wasserglas |
| Einblatt | *Spathyphyllum* spec. | wenn der Topf zu eng wird, den Wurzelballen mit dem Messer teilen |
| Fensterblatt | *Monstera spec.* | Triebspitzen mit zwei Blättern und mindestens einer Luftwurzel bewurzeln in Wasser |
| Geigen-Feige (Leier-Gummibaum) | *Ficus lyrata* | Triebstecklinge in Erde pflanzen |
| Geldbaum | *Crassula* spec. | *C. rupestris* und andere Arten bewurzeln an den Ästen, bei *C. arborescens und C. ovata kann man* außerdem einzelne Blätter mit der Basis in Erde stecken |
| Grünlilie | *Chlorophytum comosum* | Kindel abtrennen und einpflanzen |
| Gummibaum | *Ficus elastica* | Äste bewurzeln in der Vase |
| Henne mit Küken | *Tolmiea menziesii* | Blätter mit Kindeln abtrennen und einpflanzen |
| Kaffee | *Coffea arabica* | frischen Früchten die Samen entnehmen und sofort in Kokossubstrat aussäen; auf der Heizung im Minigewächshaus keimen sie nach einigen Wochen |
| Leuchterblume | *Ceropegia woodii* | die kartoffelähnlichen Verdickungen an den Trieben abnehmen und einpflanzen |
| Rutenkaktus | *Rhipsalis* spec. | Äste bilden oft von selbst Luftwurzeln, sonst Triebspitzen abtrennen, trocknen lassen und einpflanzen |
| Schmetterlingsorchidee | *Phalaenopsis* spec. | manche Pflanzen bilden am Blütenstängel Kindel mit Wurzeln, die eingepflanzt werden können |
| Ufopflanze | *Pilea peperomioides* | Ausläufer abtrennen und einpflanzen |
| Yucca | *Yucca elephantipes* | Grünen Blattschopf abschneiden und in Wasser bewurzeln, oder 20 bis 30 Zentimeter lange Stammteile absägen, obere Wunde mit Baumwachs behandeln und in Erde stecken |
| Zamie | *Zamioculcas zamiifolia* | die ovalen Nebenblätter abtrennen und zu einem Drittel mit der Basis in Erde stecken |

## Wir sind ganz schnell viele: Pflanzen, die sich selbst aussäen

| Deutscher Name | Botanischer Name | Besonderheiten |
|---|---|---|
| Akelei | *Aquilegia* spec. | gut für Hummeln, wird von Schnecken verschmäht |
| Bärlauch | *Allium ursinum* | essbare Zwiebelpflanze für den Schatten, zieht nach der Blüte ein |
| Kleinblütige Bergminze | *Clinopodium nepeta* (Syn. *Calamintha nepeta*) | trockenheitsverträglich, Bienenweide |
| Roter Fingerhut | *Digitalis purpurea* | für Halbschatten, zweijährig |
| Weicher Frauenmantel | *Alchemilla mollis* | für jeden Boden, gute Beetbegrenzung |
| Breitblättrige Glockenblume | *Campanula latifolia* | hohe Staude für Schatten oder Halbschatten |
| Goldlack | *Erysimum cheiri* | Frühlingsblüher für warme Plätze vor Mauern |
| Echtes Herzgespann | *Leonurus cardiaca* | Rosa Blüten, beliebt bei Hummeln und der Großen Wollbiene |
| Elfen-Krokus | *Crocus tommasinianus* | rosa Blüten, bildet mit den Jahren große Teppiche |
| Purpur-Leinkraut | *Linaria purpurea* | trockenheitsverträglich und lang blühend |
| Lenzrose | *Helleborus orientalis* | für Schatten, bei Aussaat bilden sich immer neue Blütenfarben |
| Gefingerter Lerchensporn | *Corydalis solida* | Frühlingsblüher unter Gehölzen, der früh einzieht; die Samen werden von Ameisen verbreitet |
| Gelber Lerchensporn | *Pseudofumaria lutea* | Sät sich selbst in Mauerfugen aus, lange Blütezeit |
| Kronen-Lichtnelke | *Silene coronaria* | grau behaarte Blätter, für trockene Plätze |
| Moschus-Malve | *Malva moschata* | blüht lange in Rosa |
| Zitronen-Melisse | *Melissa officinalis* | Zitronig aromatische Blätter für Salate und Tees |
| Gewöhnlicher Natternkopf | *Echium vulgare* | blaue Blüten, für trockene, sonnige Beete |
| Oregano | *Origanum vulgare* | Würzkraut, das alle Insekten lieben |
| Breitblättrige Platterbse | *Lathyrus lathifolius* | Kletternde Staude mit rosafarbenen oder pinken Blüten für Wildbienen |
| Kambrischer Scheinmohn | *Meconopsis cambrica* | gelbe Blüten für den Schatten |
| Einjähriges Silberblatt | *Lunaria annua* | zweijährig, Futterpflanze des Aurorafalters |
| Rote Spornblume | *Centranthus ruber* | für Schmetterlinge, verträgt Trockenheit |
| Stockrose | *Alcea rosea* | trockenheitsverträglich |
| Brauner Storchschnabel | *Geranium phaeum* | dunkellila Blüten, Sorten mit brauner Zeichnung auf dem Laub |
| Knotiger Storchschnabel | *Geranium nodosum* | Glänzende Blätter, für schattige Plätze |
| Wiesen-Storchschnabel | *Geranium pratense* | Wiesenpflanze mit blauen Blüten, auch für Staudenbeete |

#machsnachhaltig

# SAATGUT AUFBEWAHREN UND AUSSÄEN

Schon wieder ist Werbepost mit Rückumschlag im Briefkasten gelandet? Nicht ärgern, der leere Umschlag ist eine prima Aufbewahrungsmöglichkeit für selbst gesammeltes Saatgut. Er lässt sich gut beschriften mit allen Eckdaten zu den gesammelten Schätzen. In einem leeren Schuhkarton lagern die vielen Samentütchen – natürlich auch die gekauften – atmungsaktiv, dunkel und trocken. Nur nicht zu voll machen, damit die Samen nicht gequetscht werden – Fettflecken auf dem Papier sind ein Alarmsignal. Voluminöse Samen wie Bohnen, Erbsen, Wicken oder Kapuzinerkresse sind besser in einem Schraubdeckelglas aufgehoben, aber erst, wenn sie gut durchgetrocknet sind. Ein Zettelchen mit Erntejahr und Sortenbezeichnung gibt man einfach mit ins Glas. Überhaupt ist das Bunkern von Saatgut eine der wenigen Disziplinen, bei der Kunststoffe völlig fehl am Platze sind, denn in Plastiktüten kommen die Samenkörner ins Schwitzen und am Ende schimmeln sie.

## Saatscheiben und Saatbänder selber machen

Doch was ist mit Saatbändern und -scheiben? Natürlich geht das Säen auch ganz ohne Hilfsmittel, doch Saatbänder und Konsorten sind ungemein praktisch, da man so ganz genau den jeweiligen Wohlfühl-Abstand der Pflanzen einhalten kann, ohne dass die Keimlinge sich gegenseitig auf den Füßen stehen und man sie dann mühsam pikieren muss.

Meist bestehen Saatbänder und -scheiben nur aus Papier, in das die Samen eingelassen sind. Kunststoff tritt am ehesten bei der Verpackung in Erscheinung, oft gibt es dazu noch eine dicke Pappschachtel. Wenn du wirklich sicher sein möchtest, dass das Material des Saatbandes kein Plastik enthält und du die Verpackung einsparen möchtest, stelle Bänder und Scheiben selbst her. Sie sind dann garantiert vollständig biologisch abbaubar. So ist man auch viel flexibler und kann eigenes

*Diese Pappkiste aus dem Altpapier habe ich innen bunt beklebt. Wäscheklammern halten die Umschläge mit den Tomatensamen – das geht auch mit Kleber aus Mehl und Wasser.*

*Saatband und -scheibe: selbst gemacht aus Zeitungspapier und Mehlkleber.*

Saatgut verwenden, das pestizidfrei herangezogen wurde oder einer besonderen Sorte angehört, die man erhalten möchte.
Außerdem kann man so leicht eine eigene Mischung kreieren, bei der sich zum Beispiel später Sonnenblume und Cosmea abwechselnd am Zaun schön in einer Reihe aufstellen.

## So geht's:

1. Als Trägerschicht für Saatscheibe und -band eignet sich Zeitungspapier. Keine Sorge, die Druckertinte enthält heutzutage keine Schwermetalle mehr, die schwarze Schrift wird mit Ruß erzeugt.
2. Für eine Saatscheibe stellst du einfach den Blumentopf (alternativ eine ähnlich große Schüssel oder einen Kochtopf) umgedreht auf das Papier und zeichnest mit dem Bleistift den Umriss nach. Ein Saatband ist noch einfacher, dafür eignet sich der weiße Streifen am Rand der Zeitung. Schneide Scheibe oder Band aus.
3. Nun gilt es, den richtigen Abstand zwischen den Samenkörnern zu ermitteln. Meist ist er auf der Samentüte angegeben oder man liest ihn nach. Zeichne mit Bleistift und Lineal die Punkte für die Samenkörner auf das Zeitungspapier.
4. Für einen plastikfreien Kleber mische helles Weizenmehl mit Wasser, bis ein klebriger Brei entsteht. Er hält auch dickere Samen zuverlässig an Ort und Stelle. Gib einen Klecks Kleber mit dem Pinsel aufs Papier und darauf das Samenkorn, bis jeder eingezeichnete Punkt besetzt ist. Ist der Kleber getrocknet, dürfen Band oder Scheibe ab in Topf oder Beet. Nach dem Einlegen muss das Zeitungspapier gut von Wasser durchtränkt sein.

FEATURE

# PROBLEM PLASTIKTOPF – UND DIE LÖSUNG?

Das meiste Plastik im Garten haben Pflanzen untenrum an: den Pflanztopf. Während viele Gehölze als Saubermänner dastehen, weil sie mit einem Jutesack bekleidet, also wurzelnackt, in der Baumschule zu haben sind, werden krautige Pflanzen im Topf verkauft.

Plastik hat den Vorteil, dass es leicht ist und dadurch die Transportkosten senkt, nicht schimmelt und die Feuchtigkeit gut hält. Sobald die neue Errungenschaft im Garten ausgepflanzt ist, stehen wir mit dem leeren Plastiktopf da. Man kann ihn weiter verwenden, meistens hat man aber schon mehr leere Töpfe als Saatguttütchen im Keller. Bleibt nur noch die Wertstoffsammlung. Und hier hat ein schwarzer Plastiktopf ein Identitätsproblem: Die Nah-Infrarot-Scanner in der Sortieranlage können verschiedene Polymerarten anhand ihrer typischen Reflexion der Infrarotstrahlung erkennen. Bei Schwarz tappen sie aber im Dunkeln, da es das Licht einfach schluckt. So wird der Topf am Ende zur Müllverbrennung geschickt, obwohl das Material durchaus recyclingfähig wäre. Aber die Technik der Anlagen und auch die Art der Einfärbung der Töpfe wird ständig weiterentwickelt, und so wird dieses Problem eines schönen Tages ganz behoben sein.

## *Blau ist das neue Schwarz*

Viele Firmen stellen bunte, vor allem blaue Töpfe aus Recyclingmaterial her, die dank der Farbe recycelt werden können und so vielleicht wieder zu einem Topf werden – die grauen können vorher ein ausgedienter Kühlschrank gewesen sein. Der Verbraucher erkennt dies außer an der Farbe teilweise auch am Aufdruck des blauen Engels. Leider sind die Töpfe aus Recyclingmaterial, vor allem die aus Haushaltsmüll („Post-Consumer-Recycling-Material“, PCR genannt, im Gegensatz zum Verwerten von quasi brandneuem Abfall aus Verschnitt der Industrie), teurer in der Herstellung. Der Bund deut-

*Sie verrotten, wenn sie mitsamt Pflanze in die Erde kommen: Töpfe aus Sonnenblumenschalen in verschiedenen Stadien des Abbaus. Auch im Übertopf zersetzen sie sich von unten nach oben.*

*Haarige Angelegenheit: Topf aus Kokosfasern auf einem Pflanzenmarkt.*

scher Staudengärtner (BdS) hat bereits entschieden, nur noch helle, recyclingfähige Töpfe aus PCR zu verwenden. Zusätzlich hilft es, die Wandstärke der Töpfe zu reduzieren, um Material zu sparen, denn immerhin müssen die Pflanzen diesen Hauch von Nichts nur kurz tragen.

Die Industrie arbeitet zudem mit Hochdruck an kompostierbaren Behältern, zum Beispiel aus pflanzlichen Abfällen oder organischem Kunststoff. Es gibt bereits Töpfe aus Altpapier, Hanf, Sonnenblumenschalen oder Reisspelzen. Doch die Töpfe müssen von der Anzucht über den Verkauf bis zum Kunden durchhalten, ohne zu schimmeln oder zu reißen, sollen aber auf Knopfdruck bitteschön mit der Verrottung anfangen. Das ist gar nicht so einfach, daher werden die Töpfe so konstruiert, dass sie zur Sicherheit lange halten. Bei vielen Produkten setzt die Verrottung schneller ein, wenn der Topf samt Pflanze in den Boden eingepflanzt wird.

## Töpfe für den Kompost

Manchmal hat man auf Pflanzenmärkten Glück und kann Töpfe aus Holzfasern oder Pappe finden, die sich auch im Garten kompostieren oder mit einpflanzen lassen. Diese Verpackung übersteht keine langen Handelswege und ist eher für die Direktvermarktung mit kurzer Kulturzeit geeignet, denn nur robuste Kunden würden Moosansatz oder Schimmelbelag an einem durchweichten Topf tolerieren. Die Pflanzen ziehen daher kurz vorm Verkauf in den neuen Topf um, der alte bleibt beim Produzenten und kann weiter genutzt werden. Manche Gärtnereien nehmen Plastiktöpfe auch zurück – das ist die direkteste Art des Recyclings.

# KEIMZEIT: ANZUCHTGEFÄSSE

Nicht alle Gartenpflanzen vermehren sich wie von selbst. Bei vielen muss man nachhelfen und sie unter kontrollierten Bedingungen großziehen, zum Beispiel wenn sie sonst von den Platzhirschen im Garten untergebuttert werden oder wenn die Schnecken sie im Beet allzu schnell finden würden. Andere, wie Tomaten und Chilis, sind echte Frostbeulen und werden im März auf der Fensterbank ausgesät – auf der dann ein regelrechtes Gedränge herrscht. Die kleinen Pflänzchen keimen entweder alle zusammen in einer großen Saatschale und müssen rechtzeitig pikiert werden, oder jedes Samenkorn bekommt sein eigenes Separee. Joghurtbecher und Ähnliches eignen sich gut; doch wenn du Milchprodukte im Glas kaufst, ist das natürlich die Königsklasse im Plastiksparen, und du musst die Gefäße für die Aussaat anderweitig auftreiben.

## Anzucht im großen Stil

Eine Holzkiste, ein alter Setzkasten oder eine Tonschale sehen gut aus und halten lange, bei richtig viel Platz auf der Fensterbank eignen sich auch Töpfe vom Pflanzenkauf. Hat man nicht genug vorrätig, lassen sich in den Entsorgungsbehältern auf dem Friedhof Palettentöpfe finden, die platzsparend viele Jungpflanzen beherbergen können. So hat man seinen eigenen ökologischen Fußabdruck und den von jemand anderem gleich mit verkleinert. Es ist allerdings besser, wenn das geheim bleibt.

Anzuchtpaletten, die man mehrfach wiederverwenden kann, gibt es auch zu kaufen, aus Metall oder sogar aus Fair-Trade-Kautschuk. Sie sind völlig plastikfrei, allerdings sagt Fair-Trade allein noch nichts darüber aus, ob in den Plantagen Pestizide verwendet werden, außerdem wird für die Kautschuk-Bäume Regenwald gerodet.

## Pflanzen im Einzelzimmer

Quelltöpfe aus Kokosfasern sind krümelfrei in der Anwendung. Man braucht nur eine große Schüssel oder einen tiefen Teller, in dem sie alle Platz haben, dann dürfen die Töpfe in Wasser quellen und bekommen ihr Samenkorn eingepflanzt. Achte auf Kokosquelltöpfe mit Baumwollnetz, die außerdem ohne eine so dicke Klarsichthülle, dass man diese glatt noch als Minigewächshaus verwenden könnte, auskommen.

Presstöpfe aus eigenem, nährstoffarmem Substrat kannst du mit einer Metallpresse selbst herstellen, das ist wie Kuchen backen im Sandkasten. Auch in Würfel aus Steinwolle kann ausgesät werden.

Anzuchttöpfchen aus Holzfasern sind eine Alternative zu solchen aus Torf, beide Varianten sind aber mit Vorsicht zu genießen, denn es besteht die Gefahr, dass sie im Garten ausgepflanzt von den Wurzeln nicht durchdrungen werden, vor allem bei Wassermangel.

Ganz unkonventionell und völlig ohne Plastik sind Eierschalen, Eierkartons und aus Zeitungspapier

*Eierschalen als Keimzelle – Vorsicht, sie sind vollkommen wasserdicht, daher die Erde nicht zu nass halten.*

gerollte Anzuchttöpfe (Seite 42). Diese Materialien fallen im Haushalt an und können mit eingepflanzt werden, die Eierschalen müssen nur vorher vorsichtig zerdrückt und der Karton eingerissen werden – und wer weiß, vielleicht fühlt sich das Gemüse ja im Karriereteil der Tageszeitung viel motivierter?

## Tropenklima für Keimlinge

Pflanzen, die ein bisschen mehr Dampf zum Keimen brauchen, beeilen sich unter einer durchsichtigen Haube. Diese kann man aus alten Verpackungen, defekten Plattenspielerabdeckungen oder einer Frischhaltebox basteln. Ganz stilvoll und fensterbanktauglich sind alte Schüsseln mit Glasdeckel, etwa aus der Mikrowellenära. Auch Glasglocken, Bonbonnieren, umgedrehte Einmachgläser oder eine Armada Trinkgläser eignen sich für die Individualisten unter den Sämlingen. In Second-Hand-Läden, abgestellt auf dem Altglascontainer oder bei Haushaltsauflösungen gibt es so manche Schätze in passender Größe, die sich zum Minigewächshaus umwidmen lassen.

Geht es ans Pikieren der zarten Pflänzchen, braucht es keinen Pikierstab aus Plastik. Eine Stricknadel, ein mit dem Messer angespitzter Ast oder ein Essstäbchen erledigen den Job genauso gut.

*Kokosquelltöpfe mit Baumwollhülle und solche mit störrischer Kunststoffummantelung, die man auch nach Jahren noch im Garten wiederfindet.*

# MOBILE KÜBEL UND KÄSTEN

Wer schon einmal zum Terrassefegen alle Kübel beiseiteräumen musste, weiß die Leichtigkeit von Kunststoff zu schätzen. Aber seien wir mal ehrlich: Die meiste Zeit stehen die Töpfe einfach nur da und sehen nicht besonders schön aus, da kann das Plastik noch so angestrengt tun, als wäre es feinste toskanische Terrakotta. Und als Mobilitätsgarantie zum Saubermachen holt man sich einfach ein Brett mit Rollen als fahrbaren Kübel-Untersatz – oder tatkräftige Hilfe.

Holzkästen, Körbe und Gemüsekisten sind ebenso leicht wie Plastik und wirken warm und natürlich. Wenn es nicht gerade Gusseisen ist, sind auch Metalleimer nicht allzu schwer. Auf dem Sperrmüll oder beim Trödler kann man Metalltonnen, eiserne Mülleimer oder Einkochtöpfe finden, auch große Kochtöpfe, Zinkwannen und Waschzuber sind sehr geräumig und können eine ganze Pflanzengesellschaft beherbergen. Metall hält ebenso wie Kunststoff die Feuchtigkeit im Topf, Tontöpfe verdunsten dagegen ganz schön viel Wasser. Hier helfen glasierte Oberflächen, sie lassen sich auch besser reinigen und sind unempfindlicher bei Frost.

Halbierte Weinfässer, die als Miniteich jahrelang gute Dienste geleistet haben, müssen mit einem Leck im Boden noch lange nicht in Rente, stattdessen können sie noch auf der Terrasse als luxuriös großer Kübel Karriere machen.

### *Balanceakt auf dem Balkon*

Auf dem Balkon ist es schon schwieriger, ohne Kästen aus Kunststoff auszukommen, denn die sind schließlich so leicht, dass die Statik meist keine Sorgen macht. Kästen aus Ton bleiben lieber am Boden. Solche aus verzinktem Metall oder aus Holz sind aber eine gute, leichte Lösung. Aus Holzbrettern lässt sich mit Geschick auch selbst etwas Passendes zusammenzimmern. Viele Balkonkastenhalterungen aus Metall sind verstellbar, sodass sie sich an ein Modell Marke Eigenbau anpassen.

Mit Haken versehen sind Körbe oder Gitter aus Metall erhältlich, die man an das Geländer hängt. Sie nehmen ein oder mehrere Blumentöpfe auf oder gleich einen ganzen Kasten – oder man kleidet sie einfach mit Kokosmatten aus und pflanzt direkt hinein. Eine Liebe für einen Sommer sind aus Altpapier gepresste Balkonkästen. Sie sind dadurch leicht, wasserdurchlässig und vor allem kurzlebig. Damit kein Unglück geschieht und niemand einen völlig durchweichten Papierkasten samt Geranie auf den Kopf bekommt, braucht er einen festen Untersatz, wenn er am Geländer baumelt.

Balkonkästen aus Kunststoff gibt es mit doppeltem Boden, sodass die Pflanzen aus einem Wasserreservoir schöpfen können. Eine plastikfreie Alternative sind Filzeinleger aus Schafwolle, die sich vollsaugen und die Feuchtigkeit an die Wurzeln abgeben.

Der Klassiker, günstig und dekorativ: einfacher Tontopf mit Untersetzer.

Früher zum Waschen benutzt, heute zum Pflanzen: eine alte Zinkwanne mit Narzissen. Dazu muss man aber Löcher in den Boden bohren.

Alte Fässer können Regenwasser sammeln oder bepflanzt werden.

Aus ein paar dicken Brettern ist dieser Pflanzkasten zusammengezimmert worden. Plastikfolie braucht er nicht, da das Holz sehr dick ist.

# UPCYCLING STATT NEU KAUFEN

Müll zu Gold machen, also etwas Überflüssiges zu etwas Sinnvollem aufwerten, darum geht es beim Upcycling. Bestimmt hast du schon mal irgendwo Möbel aus gebrauchten Europaletten gesehen oder schicke Taschen aus alten LKW-Planen. Mit Upcycling kann man Plastik vermeiden – weil wir nichts Neues, Verpacktes kaufen müssen – und in manchen Fällen sogar noch etwas aus Kunststoffmüll machen.

Du musst dazu nicht unbedingt ein Meister an der Nähmaschine sein und aus einem alten Zementsack ein raffiniertes Pflanztaschensystem mit mehreren Kammern herstellen, das Salat und Kräuter an der Terrassenwand baumeln lässt und neidvolle Blicke erregt. Falls du so wie ich schon froh bist, wenn du geradeaus nähen kannst, dann gibt es genug einfache Upcycling-Projekte, bei denen man nur fertige Dinge bepflanzen muss, die sonst im Müll gelandet wären. Dachboden oder Keller sind oft eine Schatzkammer an Ideen, die nur darauf warten, ans Licht und in den Garten geholt zu werden.

Die alte Kaffeekanne hat einen Riss? Macht nichts, dadurch läuft das Wasser prima ab, also einfach Mauerpfeffer hineinpflanzen. Aus Fahrradfelgen kann man Beetbegrenzungen anfertigen, indem man sie halbiert – oder sie dienen an der Wand befestigt als runde Rankhilfe. Inspirationen gibt es in Städten genug, denn dort wird es eng für Pflanzen und entsprechend kreativ sind die Bewohner. In Amsterdam kann man zum Beispiel an jeder Ecke Pflanzenöl-Kanister, Briefkästen oder alte, schon fast historische Mülltonnen aus Metall entdecken, alle liebevoll begrünt mit kleinen und großen Pflanzen. Halte einfach bei der nächsten Städtereise Ausschau nach gelungenen Upcycling-Ideen; es lohnt sich.

RUNDE SACHE: EINE AUFGEBOCKTE FAHRRADFELGE HINDERT EINEN JOHANNISBEERSTRAUCH AM AUSEINANDERFALLEN.

HIER BILDEN FAHRRADFELGEN EINE ORIGINELLE ABGRENZUNG ZUM WEG HIN, DIE SOGAR IM SCHEINWERFERLICHT GESEHEN WIRD.

#machsnachhaltig

# NEUE PFLANZGEFÄSSE DURCH UPCYCLING

Was tun, wenn alle Beete schon zu voll sind für Sommerblumen, man aber gerade ein verlockendes Tütchen mit Blumensamen rumliegen hat? Da heißt es dann, die Pflanzen eine Etage höher zu hieven und auf der Terrasse weiterzugärtnern, denn leider gibt es die Samentütchen nie mit einem Instant-Quadratmeter Garten inklusive.

## *Ab in die Kiste: Wein- oder Obstkisten bepflanzen*

Mit einer Weinkiste lässt sich so ein Minihochbeet besonders stilvoll anlegen. Sie ist haltbar und sieht gut aus. Nicht ganz so langlebig sind die dünnen Sperrholzkisten vom Wochenmarkt, in denen Obst oder Gemüse transportiert wurde. Dafür bekommt man sie aber auch jede Woche aufs Neue und sogar kostenlos, denn meist kommen sie direkt vom Obsterzeuger, und der Händler wirft sie am Ende des Markttages sowieso weg. Die niedrigen, stabilen Kisten von Direktvermarktern sind zwar äußerst verlockend, werden aber mehrfach verwendet, daher sollte man den Markthändler nett fragen, ob er beim nächsten Mal eine lädierte Kiste mitbringt, die bald in Rente gehen muss.

Woher auch immer die Holzkiste stammt, die lose Erde rieselt erst einmal durch die Lücken in den Planken, wenn man sie nicht daran hindert. Wenn du sowieso gerade einen Sack Blumenerde geleert hast, kannst du die Kiste mit der Folie auslegen und unten ein paar Löcher einstechen, damit das Wasser ablaufen kann. Allerdings muss es gar nicht so haltbar sein, denn sobald die Pflanzen ausreichend Wurzeln gebildet haben, bleibt die Erde von selbst im Behälter. Daher ist es völlig ausreichend, wenn du die Kiste mit Zeitungspapier auslegst oder innen mit einem Jutesack oder einem alten Baumwoll- oder Leinentuch auskleidest. Als Bepflanzung eignen sich anspruchslose Einjährige, die du direkt einsäen kannst, oder Sukkulente wie Dachwurz, Fetthenne und Mauerpfeffer.

*Die alte Obstkiste vom Wochenmarkt bietet zwar nicht besonders viel Platz, doch die Kapuzinerkresse lässt es sich trotzdem gutgehen.*

*Der Durchschlag vom Sperrmüll passt mit seinen rostigen Stellen perfekt zu den rötlichen Blättern des Sempervivums.*

## Haushaltsgeräte mit Hauswurzen

Der natürliche Lebensraum von Hauswurzen (*Sempervivum*) sind alte Haushaltsgeräte wie Suppenkellen, Topfdeckel oder gusseiserne Pfannen, könnte man meinen. Sie sind die Stil-Ikonen des Shabby Chic. Die trockenheitsverträglichen, winterharten Stauden kommen mit wenig Substrat aus und sind daher für jedes Gefäß zu haben, solange es sonnig steht und einen guten Wasserabzug aufweist, denn Staunässe mögen sie gar nicht. In der Natur besiedeln sie Felsspalten, das macht sie auch für den Lebensraum Terrasse und Balkon perfekt. Sie vermehren sich über Kindel, sodass man bei guter Pflege immer genug Ableger zum Experimentieren hat.

Noch ein Vorteil ist ihre Vielfalt an Farben, Formen und Größen. Kurzum: Irgendeine Art oder Sorte passt garantiert zum Dachboden- oder Sperrmüllfund. Doch Vorsicht: schnell hat dich das Sammelfieber erwischt!

Die Pflanzen freuen sich bei aller Genügsamkeit über ein bisschen Flüssigdünger alle paar Wochen von Frühjahr bis Hochsommer. Sie stecken Dürre zwar besser weg als andere Stauden, doch wenn sie schrumpelig werden, brauchen auch sie Extra-Wasser aus der Gießkanne.

Den rostigen Durchschlag aus Emaille habe ich auf dem Sperrmüll gefunden. Vor dem Bepflanzen habe ich den Behälter – wie schon die Obstkisten zuvor – mit Zeitungspapier ausgelegt, damit die Erde beim Gießen nicht herausrieselt, solange die Pflanzen das Substrat noch nicht durchwurzelt haben. Als Substrat eignet sich alte Blumenerde, die mit Sand oder Split vermischt wurde. Staunässe entsteht in diesem Behälter garantiert nicht.

## *Kartoffeln im Reissack*

Ein Reissack eignet sich prima, um auf Terrasse oder Balkon Kartoffeln anzubauen, denn er ist sehr flexibel, leicht und wasserdurchlässig. Außerdem würde er ohne uns im Restmüll landen. Wenn man im Asialaden oder Chinarestaurant nett fragt, bekommt man ihn kostenlos. Als Bonus gibt es exotisches Flair und am Ende eine Gemüsefüllung dazu.

### *So geht's:*

1. Zunächst musst du verhindern, dass der Sack ribbelt und großzügig Luftschlangen aus Plastik im Garten verteilt, da er aus einem lockeren Kunststoffgewebe besteht und oben aufgeschnitten wurde. Es ist sicherer, die Schnittkanten mit dem Feuerzeug zu verschmelzen, dann geht nichts mehr daneben.
2. Jetzt kannst du gärtnern: Krempel den Sack fast ganz herunter, gib Substrat hinein und pflanze ein oder zwei Kartoffeln.
3. Sobald sich Blätter und ein Stiel zeigen, rolle den Rand weiter nach oben und wirf noch mehr Erde nach, bis nur noch die obersten Blattpaare hinausschauen. Das machst du so lange, bis der Sack zu voller Lebensgröße aufgerollt wurde.
4. Irgendwann im September, wenn das Kartoffellaub gelb wird, kannst du auf Schatzsuche im Reissack gehen. Bei guter Düngung wirst du locker 1 kg Kartoffeln ernten.

Das Verfahren klappt genauso mit einem leeren Blumenerde- oder Jutesack. Alternativ lässt sich aus dem Reissack auch ein Sitzkissen nähen.

*Von oben nach unten:*
*April: Die ersten Spitzen zeigen sich.*
*Juli: Randvoll, das Kartoffellaub ist schön üppig.*
*September: Erntezeit!*

*Noch ist die Wanne voll mit Tulpen und Narzissen, später kann Gemüse einziehen.*

## Upcycling auf hohem Niveau: Badewanne als Hochbeet

Hochbeete liegen im Trend. Sie eignen sich besonders auf belasteten, wühlmausbesetzten oder versiegelten Böden, denn rückenschonend sind sie nur, solange es genug regnet, da die Gießkanne sonst auch auf 1 m über Normalnull gehoben werden muss.

Das typische Hochbeet wird aus Holz gebaut, innen mit Plastikfolie geschützt. Möchte man darauf verzichten, muss entweder Lärchenholz her, das auch ohne Hilfsmittel lange Zeit der Witterung und der Feuchtigkeit im Substrat standhält, oder ein wasserfestes Material wie Wellblech.

Wie wäre es stattdessen mit einer ausgedienten Badewanne? Diese Lichtgestalt von Hochbeet erhitzt sich in einem Sahara-Sommer nicht zu sehr und kennt sich von Hause aus gut mit Wasser aus. Der Abfluss ist bereits dabei, so kann keine Staunässe entstehen – du kannst überschüssiges Wasser je nach Bauart des Hochbeets sogar darunter auffangen. Am elegantesten ist eine Badewanne, die auf eigenen Füßen steht. Leider sind solche Prachtstücke mit ihren verzierten Ständern nicht leicht zu bekommen. Wenn du in den Kleinanzeigen oder bei Haushaltsauflösungen eine auftreiben kannst, greife unbedingt zu! Doch auch die normale, eingemauerte Variante ohne Füße lässt sich mit einer entsprechenden Verkleidung zum Hochbeet umschulen. Entweder verschalt man sie mit Holzbrettern oder baut eine hübsche Ziegelsteinmauer um sie herum. Da der obere Rand der Wanne etwas übersteht, wird die Verkleidung bis zur Unterkante hochgezogen. So wird eine Holzverschalung vor Regen geschützt und hält länger. Noch einfacher geht es mit vier Holzbalken, die als Ständer unter den Ecken der Badewanne montiert werden, der überstehende Rand stabilisiert dabei. Eine alte Wanne ist übrigens auch eine tolle Alternative zum Plastik-Planschbecken.

## *Anzuchttöpfe aus Zeitungspapier*

Papier ist bekanntlich geduldig, und so lassen sich aus alten Zeitungen noch Anzuchttöpfe herstellen, die nach dem Auspflanzen einfach in der Erde verrotten, ohne die Pflanzen bei der Wurzelbildung zu behindern. Man kann zum Rollen der Töpfe eine Flasche verwenden, so richtig schön fest werden sie aber mit einem Paper-Potter. Dieses Wunderding sieht ein bisschen aus wie eine riesige Mensch-Ärger-Dich-Nicht-Figur mit Untersatz und besteht aus zwei Teilen, beide sind aus Buchenholz.

### *So geht's:*

1. Falte das Zeitungspapier, damit es die doppelte Stärke hat, und schneide einen Streifen in der gewünschten Höhe plus Zugabe für den Topfboden zu. Erbsen und Wicken mögen gern lange Töpfe.
2. Den Papierstreifen wickelst du fest um das zylindrische Teil vom Paper-Potter; unten muss ein Rand überstehen.
3. Den Rand nach unten umschlagen und andrücken.
4. Nun drückst du das umwickelte Teil fest auf die runde Unterlage.
5. Den Zylinder aus dem Papiertopf ziehen – fertig! Der Topf hat unten sogar ein Abflussloch.

# BLUMENERDE AUS DEM SACK?

Pflanzsubstrat kommt nicht in die Tüte? Es wäre schön, wenn es so funktionieren würde. Denn Blumenerde hat zwei Probleme: Sie kommt einerseits in einem Plastiksack daher, andererseits enthält sie meistens Torf, der im artenreichen Moor bleiben sollte.

Torffreie Substrate sind nicht alle gleich gut, aber stets teurer als torfhaltige. Manche lassen die Pflanzen richtig aufblühen, andere bestehen aus so viel Nadelholzrinde, dass das Gemüse angewidert zusammenzuckt. Ein hoher Anteil an Holzfasern führt zu einer verzögerten Entwicklung der Pflanzen und einem erhöhten Wasserbedarf. Hier muss man ein wenig forschen, bis man die beste Blumenerde gefunden hat. Misch dich ruhig auch ein: Die Wasserspeicherfähigkeit lässt sich durch Zugabe von Schafwolldünger, Zellulosestreifen und Lavagranulat verbessern.

Das Problem Plastiksack bleibt. Es gibt zwar erste Versuche, vorgetrocknete Blumenerde in einer Papiertüte zu verkaufen, aber noch hat es die Idee nicht in den Handel geschafft. Und nur in großen Gärten wird man sein Substrat aus Kompost und Gartenerde komplett selbst herstellen können.

## Kompost über alles?

Wenn du bis jetzt immer den ganzen Garten vorbildlich mit Kompost versorgt hast, überlege, ob das wirklich nötig ist. Er verbessert zwar die Wasserspeicherfähigkeit des Bodens, doch in diesem Fall kann es eine Lösung sein, möglichst viel der Gartenfläche auf Diät zu setzen und zu einem mageren Beet für trockenheitsliebende Pflanzen umzuwandeln.

Der Rest bekommt einfach weniger Kompost und wird stattdessen zu Selbstversorgern erzogen: Das Falllaub wird im Herbst großzügig auf dem Boden verteilt, was die Regenwürmer glücklich macht und den hungrigen Pflanzen den nötigen Humus verschafft. Im Sommer kommt noch Grasschnitt dazu, er enthält viel Stickstoff und verrottet schnell. So bleibt mehr Kompost für die Kübel übrig. Die schön lockere Erde von Maulwurfshügeln fällt vielleicht in deinem Garten regelmäßig an und kann zum Mischen von Blumenerde dienen. Das alles sind Schritte auf dem Weg zur eigenen Erde.

## Kübelerde strecken und auffrischen

Gärtnert man auf dem Balkon, kommt man um käufliche Erde kaum herum. Lose gibt es sie bei der örtlichen Kompostieranlage oder einem Erdenwerk in der Nähe. Führt am Sack Blumenerde nichts vorbei, kann man jedoch auch ein bisschen tricksen, um möglichst viel damit zu erreichen. Selbst gemachter Laubkompost ist ein guter Zusatzstoff zum Strecken des Substrats und dient als Aussaaterde. Auch getrockneter Kaffeesatz kann untergemischt werden.

QUERSCHNITT DURCH ALTE TOPFERDE: IM ZENTRUM IST DAS SUBSTRAT KAUM DURCHWURZELT UND KANN WIEDERVERWENDET WERDEN, DER REST WIRD KOMPOSTIERT.

REIFER KOMPOST KANN ZUM MISCHEN VON BLUMENERDE VERWENDET WERDEN ODER ALS KOPFDÜNGUNG FÜR DIE KÜBEL.

Es ist auch gar nicht immer nötig, die Erde in den Töpfen komplett auszutauschen. Einige Jahre lang reicht es für die Dauerbewohner, wenn sie eine Kopfdüngung auf den Wurzelbereich bekommen, also eine Ladung Kompost aus der Wurmkiste oder frische Blumenerde. Auch das Gießen mit organischem Flüssigdünger oder Bokashi (einer Art Kleinkompost im Eimer, bei der eine nährstoffreiche Flüssigkeit abfällt) sowie das Untermischen von Hornspänen und -mehl halten die Pflanzen im Gebraucht-Substrat fit. In große Kübel für Starkzehrer wird im Frühjahr ein wenig frischer Pferdemist möglichst tief untergegraben. Für Flachwurzler erhalten große Kübel einen doppelten Boden: Blähton oder umgedrehte Tontöpfe als Basis verringern den Bedarf an Erde. Kokosbriketts, die man in Wasser zur vollen Größe quellen lässt, umgibt vergleichsweise wenig Verpackung; der Rohstoff hat allerdings einen weiten Anreiseweg.

### *Rezept für Blumenerde*

Mische einfach die folgenden Bestandteile gut miteinander und schon hast du Blumenerde ohne Plastikbeigeschmack.

- **5 Teile Gartenerde**
- **2 Teile gesiebter reifer Kompost**
- **1 Teil Sand**

#machsnachhaltig

# GEGEN DAS VERGESSEN: PFLANZENSTECKER

Eigentlich kann ich mir gut Pflanzennamen merken, auch die botanischen. Allerdings nützt das wenig, wenn ich nicht mehr weiß, in welchen Topf ich welche Tomatensorte gesetzt habe oder wessen Samen in den Anzuchtbehältern keimen. Ganz verheerend ist es, wenn man sich nicht einmal mehr erinnern kann, dass man überhaupt schon etwas in einen Kübel gesät hat – eine Doppelbelegung finden nicht alle Sämlinge gelungen. Im Frühling fragt man sich oft, ob die Stelle im Beet wirklich vakant ist oder ob da schon eine Pflanze wohnt, die nur gerade untätig ohne Blätter im Boden verborgen ist. Nichts ist schlimmer, als mit dem Spaten eine Blumenzwiebel zu zerteilen oder einer wertvollen Staude einen Strauch aufs Auge zu drücken, nur weil man vergesslich ist. Besser, man markiert die Stelle namentlich.

Verschenkt man Pflanzen oder nimmt sie mit auf eine Tauschbörse, ist es ebenfalls gut, dem neuen Besitzer ihren Namen mit auf den Weg zu geben – denn wenn man nicht über das Gedächtnis eines Elefanten verfügt, kann einem leicht die eine oder andere Beute zu Hause bereits entfallen sein. Hat man die Art vielleicht noch stolz im Kopf, ist es der Sortenname, der es nicht bis ins Langzeitgedächtnis geschafft hat. Die Gefahr steigt natürlich mit der Anzahl der Pflanzen, die man ergattert.

## Spicken erlaubt!

Welche Gedächtnisstütze kommt ohne Kunststoff aus? Weiße Plastikstecker jedenfalls nicht, sie sind zwar wetterfest, aber neigen dazu, verloren zu gehen und sind nicht gerade ressourcenschonend. Oft gehen die Stecker verloren, werden untergegraben oder tauchen im Kompost wieder auf. Soll die Kennzeichnung nicht für eine lange Zeit halten, sondern nur eine kurzfristige Hilfestellung sein, bis das pflanzliche Geschenk oder die Tauschware im neuen Zuhause eingepflanzt wurde, kannst du improvisieren:

*Weiß auf Schwarz: Alte Eichenholzstücke als Pflanzenstecker halten sehr lange, nur die Schrift muss immer mal wieder ausgebessert werden.*

*Diese Spießgesellen aus mit Schlagbuchstaben beschriftetem Alu-Blech halten länger als so manche Staude.*

- Eisstiele (Seite 20) mit Bleistift beschriften und in den Topf stecken – am Ende kann der Stecker bedenkenlos kompostiert werden.
- Länger halten Eichenholz-Reste, die mit Lackstift beschriftet werden können. Ich habe dazu die losen Stücke aus dem Bodenteil meines halbierten Weinfasses verwendet, als es undicht wurde und nicht mehr als Teich genutzt werden konnte.
- Größere Pflanzen bekommen ein Papierschild umgebunden, zum Beispiel ein Etikett oder Preisschild vom Kleiderkauf, auf das man den Namen schreibt.
- Um im Beet langfristig den Überblick zu behalten, eignen sich beschriftete Tonscherben, Schiefertafeln, alte weiße Untertassen, gravierte Löffel oder Reste alter Fliesen. Deckel von Konservendosen haben sogar eine praktische Öse zum Aufhängen, können also auch einen Strauch kennzeichnen.

## DAUERHAFTES UPCYCLING-ETIKETT

Haltbar, auch was den Text angeht, sind mit Schlagbuchstaben malträtierte Metallstücke. Gut eignet sich dafür das dünne Aluminiumblech der Katzenfutterschalen. Die Herstellung ist aber nichts für schwache Nerven, da sie mit viel Radau verbunden ist. Für längere Pflanzennamen schneidet man aus der Futterschale einfach den ganzen Boden aus. Oben und unten stanzt man das Metallstück mit dem Locher einmal ein und fädelt es auf einen dünnen Bambusstab, sodass man die Beschriftung lesen kann. So kann das Schild am Stiel ins Beet gesteckt werden.

#machsnachhaltig

# DAMIT SIE GROSS UND STARK WERDEN: PFLANZENSCHUTZ

Jetzt haben wir uns so fürsorglich wie plastikfrei um die Anzucht der Pflanzen gekümmert, dass wir das verhätschelte Grünzeug am Ende nicht einfach der nächstbesten Schnecke zum Fraß vorwerfen wollen. Pflanzen, die aus dem Gröbsten raus sind, werden meist gar nicht mehr von Nacktschnecken behelligt. Stauden, die nahezu immer unbeschadet davonkommen, sind Storchschnabel, Frauenmantel, Akelei, Lenzrose, Beinwell, Brandkraut oder Malve. Noch zarte Keimlinge oder Jungpflanzen, zum Beispiel von Bohnen, Sonnenblumen oder Salat, fallen den Schleimern aber oft schon in der ersten Nacht zum Opfer.

## Für Schnecken Zutritt verboten

Schneckenkragen versperren den Schnecken den direkten Zutritt zur Pflanze, bis diese groß genug und weniger schmackhaft geworden ist, jedoch sind sie meistens aus Kunststoff. Es gibt aber auch Modelle aus Metall, die viel länger halten. Möchte man den gefräßigen Tieren eine DIY-Variante in den Weg stellen, kannst du aus deinen alten schwarzen Plastiktöpfen, die sich sowieso nicht recyceln lassen, Schneckenkragen basteln, indem du den Boden herausschneidest. Der untere Rand wird dann um die Jungpflanze herum in den Boden gesteckt. Auch Glasglocken oder Einmachgläser wehren Schnecken und kalte Nächte ab, müssen nur bei starker Sonneneinstrahlung wieder abgenommen werden, damit die Pflanze darunter nicht verweichlicht oder vor Hitze zergeht.

## Fliegende Feinde

Manchmal kommt der Feind auch aus der Luft: Kohlweißlinge, Möhrenfliegen oder anderes Kampfgeschwader können uns die Freude am Gemüsebeet rasch verderben. Kulturschutznetze, die man über den Pflanzen ausbreitet, um Mitesser abzuhalten, müssen nicht aus Kunststoffgewebe sein, es gibt sie auch aus waschbarer Biobaumwolle.

*In ihrem früheren Leben haben sie die Insekten von der Kaffeetafel ferngehalten, nun wehren die Tortenhauben aus Metall Kohlweißlinge und Schnecken ab.*

*Schutz gegen Verbiss und Frost: Obstbaum kuschlig eingewickelt in eine Kokosmatte.*

## Gefräßiges Federvieh

Kleinbleibende Kirschbäume, Johannisbeeren und Weinreben werden gern von Vögeln geplündert, teils sogar, bevor die Früchte überhaupt reif sind. Sosehr man den Tieren einen Happen gönnt, ein paar reife Kirschen für uns wären dann doch mal ein feiner Zug. Schnell greift man in seiner Verzweiflung dann zu den grünen Kunststoffnetzen, mit denen der Baum oder Strauch trotz der scheinbaren Tarnfarbe dann doch wie ein grellgrünes Gespenst aussieht. Auch verheddern sich Singvögel und andere Tiere in den Maschen.

Viel ungefährlicher sind alte weiße Gardinen, denn ihre Maschen sind zu klein für Vogelfüße. Auch Teich- und Erosionsschutzmatten aus Jute lassen sich zum Kirsch-Käfig umfunktionieren oder schützen das Gemüse vor hungrigen Tauben. Mit Wäscheklammern lassen sich die einzelnen Bahnen zusammenhalten oder man näht sie grob zusammen wie Fischernetze.

Zum Schutz der Weinbeeren vor Vogelfraß sammle Zwiebelnetze – und zwar die kompostierbaren aus weichem Material – und stülpe sie den Trauben einzeln über.

## Nur die Ruhe!

Schädlingsbekämpfungsmittel in bunten Plastikflaschen braucht man im Biogarten erst gar nicht – Blattläuse haben genug Fressfeinde und sind nie lange ein Problem. Ansonsten ist entweder Handarbeit gefragt, wie beim Absammeln der lästigen Larven der Stachelbeerblattwespe, oder Resignation: Wenn man keine Armada von Spatzen oder Hühnern im Garten hat, wird die Buchshecke früher oder später vom Buchsbaumzünsler erledigt sein, trotz teurer Pheromonfallen aus Plastik oder säckeweise Algenkalk. Und schon hat man wieder Platz für Neues und mehr Licht für die Pflanzen hinter der Hecke.

# GIESSEN UND DÜNGEN

In letzter Zeit läuft es im Sommer meist so ab: Eine vielversprechende Regenfront nähert sich von Belgien, um sich dann kurz vor meinem Garten die Sache doch noch einmal zu überlegen und ihr kühles Nass lieber bei sich zu behalten. In Zeiten von immer trockener werdenden Sommern ist Gießkannenschleppen der neue Fitnesstrend im Garten – und man kann monatelang trainieren. Das geht am besten mit Regenwasser.

# WASSERTRÄGER: GIESSKANNEN

Durch übermäßigen Konsum einschlägiger Gartenmagazine auf die schiefe Bahn gebracht, durfte meine erste Gießkanne nicht irgendeine sein. Nein, nostalgisch und wunderschön sollte sie aussehen. So wie in den Zeitschriften eben, wo tadellos gekleidete Gärtner beim abendlichen Wässern stilecht eine Metallkanne schwingen – Patina inklusive. Und so musste es eine himmelblau lackierte aus dem Supermarkt sein. Schon beim Nachhausetragen schnitt der bandförmige Metallgriff in die Hand ein, das wurde auch im gefüllten Zustand nicht besser. Außerdem färbte der Lack auf meine Kleidung ab, bald war alles mit Spuren von Himmelblau bedeckt. Eine weitere Lektion, die ich allzu bald lernen sollte, war, die Warnungen ernst zu nehmen und eine Metallgießkanne nicht längere Zeit gefüllt stehen zu lassen. Schon gar nicht im Winter. Erst beulte sie sich bei Frost am Boden unschön aus, als nächstes spuckte sie blaue Farbfragmente. Und kaum war der Lack ab, setzte auch schon fortgeschrittene Korrosion ein. Als der Boden schließlich ein Loch hatte und die Gute ein bisschen inkontinent wurde, musste sie auf den Sperrmüll, wo sie bald ein neues Zuhause fand.

## *Vintage oder praktisch?*

Da die Dürresommer jedes Mal in einen Gießkannenmarathon ausarten, ist Ergonomie bei einer Gießkanne nicht zu verachten. Plastikgießkannen schneiden hier ganz gut ab, sie sind außerdem unschlagbar leicht, in vielen Farben zu haben und überall zu kaufen. Hängt man sie aber regelmäßig über eine Schwengelpumpe, wird eine zu enge Einfüllöffnung früher oder später reißen. Ohne mechanische Belastung und wenn sie den Winter leer und frostfrei verbringen darf, wird eine hochwertige Kanne jahrelang halten. Beim Material ist Polyethylen die beste Wahl, da es sich recyceln lässt, wenn die Kanne zu Bruch geht, und zwar über die gelbe Tonne oder den Wertstoffhof. Zum Glück gibt es sie auch aus Recycling-Kunststoff.

Schwerer und vom Tragekomfort her schlechter sind Metallgießkannen, sie können auch rostanfällig sein. Dafür kommen sie, wenn sie nicht lackiert sind, auch garantiert ohne ein Fitzelchen Kunststoff aus. Die Einfüllöffnung ist bei den meisten Modellen großzügig bemessen. Damit trotzdem nichts beim Gießen nach vorn rausschwappt, ist die Oberseite etwas hochgewölbt.

Es gibt sie neu zu kaufen; schöner sind alte Modelle, die man auf Märkten oder in den Kleinanzeigen findet. Gut erhaltene Kannen haben allerdings ihren Preis, seit Vintage im Garten so beliebt geworden ist. Da traut man sich dann am Ende kaum, das alte Schätzchen auch wirklich zum Gießen einzusetzen. Meistens gehen diese Schönheiten eher in Rente und stehen dekorativ, aber untätig im Garten herum.

## *Bloß keinen Rost ansetzen!*

Doch egal, ob neu oder gebraucht: Damit der Gewichtsnachteil gegenüber einer Kunststoffkanne nicht noch mehr zu Buche schlägt, ist ein rund geformter Griff empfehlenswert. Um Rost erst gar keinen Angriffspunkt zu bieten, solltest du eine verzinkte Gießkanne wählen. Es schadet den Pflanzen nicht, wenn dabei ein bisschen Zink oder Eisen ins Wasser gelangt, das Verfahren hat sich schließlich seit dem 19. Jahrhundert bewährt, lange bevor es Modelle aus Plastik gab. Wie die Geschichte meiner himmelblauen Gießkanne zeigt, lohnt es sich in jedem Fall, mehr Geld für ein verzinktes Produkt aus Metall auszugeben und auf Komfort zu achten. Mit keinem anderen Gartengerät verbringt man schließlich so viel Zeit.

FEATURE

# DER TROCKENZEIT TROTZEN: GIESSTIPPS

- Augen zu und durch: Bloß nicht mittags in den Garten gucken. So manche Pflanze mimt dann mitleiderregend den sterbenden Schwan, richtet sich aber auf, sobald die Sonne wieder weg ist.
- Die Gartenstauden lieber einmal richtig und durchdringend wässern als jeden Tag ein bisschen auf die Schnelle, denn dann gehen die Pflanzenwurzeln selbst in den Tiefen des Bodens auf die Suche nach Wasser.
- Immer gezielt auf den Wurzelbereich gießen und nicht über die Blätter.
- Kleinere Töpfe werden besser ein paar Mal in der Woche in einen Eimer Wasser getaucht anstatt sie jeden Tag ein bisschen zu wässern – denn bei sehr trockenem Wurzelballen versickert Gießwasser eher auf der Terrasse, als dass es die Wurzeln erreicht.
- Mulch hält den Boden feucht. Strauchhäcksel unter den Sträuchern und zwischen den Stauden eignen sich gut, und man kann diese Art Mulch selbst herstellen. Auch Falllaub und Kompost verbessern die Wasserspeicherfähigkeit des Bodens.
- Bodendecker sind wie Frischhaltefolie für den Garten, sie halten die von der Erde verdunstete Feuchtigkeit mit ihren Blättern zurück und verhindern zusätzlich das Verschlämmen des Bodens bei Starkregen.
- Der voll beladene Wäscheständer lässt sich als Schattenspender mit eingebauter Klimatisierung vor so manch hitzegeplagte Pflanze stellen.
- Totholz ist toll für Pilze und Insekten und wirkt wie ein Schwamm. In trockenen Zeiten gibt es die gesammelte Feuchtigkeit an die Gartenpflanzen ab.

Totholz als Beetbegrenzung beschattet den Wurzelbereich und gibt gespeicherte Feuchtigkeit wie eine hölzerne Klimaanlage an die Pflanzen ab.

Dicht gepflanzt beschatten sich diese trockenheitsresistenten Pflanzen gegenseitig, hier Blauraute, Sonnenhut und Bärenklau.

- Der Rasen wird schnell braun, aber auch wieder von alleine grün, wenn es endlich regnet.
- Jungpflanzen, am besten direkt ins Beet gesät, brauchen weniger Wasser als schon ältere Containerware, bei der die Wurzeln auf kleinem Raum verdichtet sind.
- Winterharte Neuzugänge am besten im Herbst pflanzen, dann haben sie den ganzen Winter Zeit, Wurzeln zu bilden, bevor das trockene Frühjahr beginnt.
- Oberflächlichkeit kann sich auszahlen: Glasierte, helle Töpfe verdunsten am wenigsten Wasser, schwarze Kübel heizen sich dagegen ziemlich auf, was auch den Bewohnern Höllenqualen bereitet.
- Das Wasser, das beim Gemüse-, Obst- oder Kräuterabwaschen in der Küche anfällt, kann in einer Schüssel gesammelt werden. Auch beim Abschrecken vom Frühstücksei, beim Reinigen des Teesiebs, Blanchieren ohne Salz, Pellkartoffeln kochen oder beim Spülen des Tresterbehälters der Kaffeemaschine fällt etwas an, über das sich Pflanzen freuen.
- Warmduscher dürfen sich an dieser Stelle gratulieren, denn das kalte Wasser, das sonst in den Abfluss laufen würde, können sie in der Gießkanne auffangen, bis die Wohlfühltemperatur erreicht ist. So kommen schnell ein paar Extra-Liter zusammen – je nach individueller Weckzeit morgens sogar pro Person, falls das Leitungswasser in der Zwischenzeit schon wieder abgekühlt ist.

# REGENTONNEN UND ZISTERNEN

Wenn es den Sommerregen wieder einmal nur in homöopathischen Dosen oder gar nicht gibt, ist man gut dran, wenn man für schlechte Zeiten vorgesorgt hat. Auf den ersten Blick kommt ein gebohrter Brunnen mit Schwengelpumpe vielleicht mit weniger Plastik aus, doch ist er in Zeiten eines sinkenden Grundwasserspiegels nicht so nachhaltig wie gesammeltes Regenwasser.

Eine Zisterne ist dabei der ganz große Luxus. Da diese riesigen Tanks mit mehreren Tausend Litern Fassungsvermögen unter die Erde gebracht werden müssen, wird man sie sich eher bei einem Hausneubau leisten. Zum Nachrüsten sind sie nur geeignet, wenn der Bagger Zugang hat und man den Garten sowieso grundlegend umgestalten möchte, denn so eine Einbauaktion geht an der Bepflanzung nicht spurlos vorüber. Flachtanks brauchen immerhin eine relativ kleine Grube. Man kann wählen zwischen Zisternen aus Kunststoff und Beton. Die Plastik-Variante sollte aus Polyethylen bestehen, damit sie später recycelt werden kann.

## *Plastik – aber vor dem Müll gerettet*

Zum Nachrüsten und minimal-invasiv ist die gute alte Regentonne. Für sie braucht man nur ein bisschen Standfläche und ein Fallrohr, an dem sie sich volllaufen lassen kann. Es gibt sie mittlerweile in so vielen Darreichungsformen, dass einem von der Auswahl ganz schwindlig werden kann. Die meisten bestehen aus Kunststoff, doch wegen ihrer Langlebigkeit und durch die Wahl von Gebrauchtbehältern lässt sich dies rechtfertigen. Sehr günstig sind die blauen Maische- oder Einschlagfässer, die du gebraucht in den Kleinanzeigen findest. Auch die eher maskulin-kantig daherkommenden Palettentanks (Intermediate Bulk Container, IBC) kannst du secondhand auftreiben. Sie sind mit 1000 l Volumen echte weiße Riesen und lassen sich dank ihrer Metallrüstung sogar noch beranken, etwa mit Duft-Wicken. Maischefässer und IBC gibt es auch in lebensmittelechter Qualität.

## *Pflege für die Tonne*

Wunderschön und eine plastikfreie Variante – neben Metallfässern – sind Weinfässer, die man auch gebraucht kaufen kann. Sie haben bei all ihrem Charme jedoch einen gravierenden Nachteil: Einmal leer gelaufen sind sie nicht mehr ganz dicht. Wenn sie lange auf dem Trockenen gelegen haben, braucht es einige Zeit, bis das Holz wieder zu alter Form zusammengequollen ist.

Ob echtes Holzfass oder aus Plastik als Nachbildung einer griechischen Säule, einer Terrakotta-Amphore oder in Rattanoptik: Idealerweise hat

*Diese alte Viehtränke aus Metall braucht etwas mehr Standfläche als eine Regentonne, hat aber auch einen dicken Bauch und fasst mehr Wasser.*

*Wiederverwertung: Das gebrauchte Maischefass, das sich über Kleinanzeigen beschaffen lässt, wird vom wilden Wein beschlagnahmt.*

das Modell einen abnehmbaren Deckel und eine große Öffnung. Denn auch der beste Fallrohr-Filter lässt kleine Bröckchen durch und irgendwann ist alles verstopft. Dies ist umso schlimmer, wenn ganz unten an der Tonne ein Zapfhahn angebracht ist, der schnell an Verstopfung leidet und kein Wasser mehr lassen kann. Kommt man dann von oben nicht zum Saubermachen hinein, ist die Tonne für die Tonne. Darüber hinaus ist es auch einfach praktisch, wenn man sich die Möglichkeit einer Regentonnenpumpe offenlässt, die man von oben hineingleiten lassen kann, oder schnell mal die komplette Gießkanne bequem eintauchen kann. Ein Deckel ist aber trotzdem Pflicht, um Mücken vorzubeugen oder ertrinkenden Vögeln.

Jede Tonne ist Schrott, wenn sie im Winter reißt. Das gilt besonders für ehemalige Weinbehälter, denn Minusgrade schlagen dem Fass den Boden aus. Daher vor dem ersten richtigen Frost so viel Wasser wie möglich aus dem Regenfass entfernen und den Zulauf sperren. Sollte es zu diesem Zeitpunkt gerade eine herbstliche Trockenperiode geben, umso besser – dann ist der edle Tropfen nicht verschwendet, in jedem Fall hilft er dem Grundwasser. Wenn im Frühling schließlich die Gefahr von starken Frösten gebannt ist, heißt es wieder: Wasser marsch! Und falls ein Schlauch als Accessoire zur Tonne gebraucht wird: Es gibt sogar welche aus recyclingfähigem, schadstofffreiem Material und PVC-freie aus Gummi.

# AM TROPF: KÜBELBEWÄSSERUNG

Jetzt haben wir also für eine volle Regentonne und eine schöne Gießkanne gesorgt, doch was tun bei einem Kurzurlaub übers Wochenende, wenn sich kein Regen angekündigt hat?
Längere Ausflüge sind dann schnell von schlechtem Gewissen überschattet – ob die Chilipflanzen wohl schon schlapp über den Topfrand hängen und nach Wasser japsen, während man selbst meilenweit entfernt faul im Strandkorb sitzt? Hat man dann niemanden, der sich während der Abwesenheit um die Topfbewohner kümmern kann, muss man wenigstens für eine Notration Wasser zum Selbstbedienen sorgen.

## *Pflanzen an der Flasche*

Für größere, standfeste Kübel haben sich Selbstbewässerungssysteme mit Flaschen als Reservoir bewährt. Für PET-Flaschen gibt es einen Plastik- oder Tonaufsatz zum Aufschrauben, damit man die wassergefüllte Flasche kopfüber in die Erde stecken kann, ohne dass das Wasser gleich auf einmal hinausläuft. Das ist zwar eine tolle Sache, wenn man sowieso gerade eine Einwegflasche aus Kunststoff herumstehen hat, aber nur dafür möchte man natürlich keine extra kaufen.
Völlig ohne Plastik kommen dagegen Tonzylinder aus, die unten schön angespitzt sind und dadurch leicht in die Erde gesteckt werden können, möglichst ohne die Wurzeln zu verletzen. Oben haben sie eine Öffnung, die groß genug ist, um eine Weinflasche kopfüber hineinzustecken. Die Pflanzen hängen also an der Flasche, die man am Ende der Saison einfach zum Altglas geben kann.
Der Wasserstand lässt sich bei hellen Flaschen sehr gut kontrollieren, bei dunklen fällt es dagegen nicht so auf, wenn das Glas während der Sommermonate innen langsam grün wird. Ein langes Wochenende halten die Töpfe so durch, vor allem, wenn man gleichzeitig noch für ein bisschen mehr Schatten als sonst sorgt.
Für Hochbeete gibt es sogenannte Ollas; das sind große, flaschenförmige Tongefäße, die so tief in die Erde eingegraben werden, dass nur die Öffnung oben herausschaut. Durch sie füllt man immer wieder Wasser nach, das durch den Ton langsam an die Erde abgegeben wird. Das große Volumen dieser Gefäße engt den Wurzelbereich der Hochbeetbewohner aber auch etwas ein.

## *Für das ruhige Gewissen im Urlaub*

Für einen wochenlangen Urlaub in einem Dürresommer reichen diese Systeme allerdings kaum, um die Pflanzen vor dem Verdursten zu bewahren. Dafür braucht es entweder Personal oder ein Bewässerungssystem, das an den Wasserhahn angeschlossen wird. Es gibt computergesteuerte

WEIN- ZU WASSER-FLASCHEN MACHEN: TONKEGEL MIT ALTGLAS ALS RESERVOIR FÜR DAS WOCHENENDE.

DIE ABGEBROCHENE TÜLLE DER METALLGIESSKANNE LEITET DAS GIESSWASSER DIREKT ZUR WURZEL DES SEHR TROCKENHEITSVERTRÄGLICHEN HEILIGENKRAUTS. MUSCHELMULCH SCHÜTZT DEN BODEN VOR VERDUNSTUNG, AUCH DER GLASIERTE TOPF HILFT BEIM WASSERSPAREN.

Tropfsysteme, die Batteriestrom brauchen. Ganz ohne Strom kommen dagegen Produkte aus, die sich über eine Membran und einen in der Erde versenkten Tonkegel selbst Wasser holen, sobald die Membran durch Feuchtigkeitsmangel nach unten gezogen wird. Alle Systeme kommen nicht ohne Kunststoffschläuche, Plastikkappen, Steckverbindungen und Druckminderer aus, dafür können sie bei guter Pflege aber auch lange Zeit ihren Dienst verrichten und so den Einsatz von Plastik rechtfertigen. Mir hat so ein stromlos betriebenes Tropfsystem schon so manchen Urlaub gerettet. Wer lieber Ferien im eigenen Garten macht, hat es sehr viel leichter, auf Plastik komplett zu verzichten.

Wenn du schon eine Bewässerungshilfe mit Kunststoffanteilen hast, nutze sie so lange wie möglich und halte sie zur Not mit Ersatzteilen am Leben.

#machsnachhaltig

# DER RAIN-GARDEN: WENN'S ZU NASS WIRD

Lässt sich Dachflächenwasser auch ganz ohne Behälter nutzen, also ohne Plastik? Ein „Rain-Garden" bzw. eine Sickermulde macht genau das: Er schluckt das Regenwasser vom Dach zu jeder Jahreszeit und lässt es in aller Ruhe versickern. Diese Art von Gartenelement ist kein Teich, sondern das Regenwasser darf dort höchstens 24 Stunden bleiben, danach muss es verschwunden sein. Teichfolie braucht man also nicht. Bepflanzt wird mit heimischen Pflanzen, denen der wechselfeuchte Standort zusagt.

Die Idee des Rain-Gardens kommt aus dem amerikanischen Raum, wo nicht jedes Haus einen Kanalanschluss hat. Doch auch bei uns gibt es gute Gründe, sich mit diesem Schluckspecht von Garteneil zu befassen. Vielleicht sind Regentonne oder Zisterne schon voll oder im Winter geschlossen, und der Niederschlag würde nutzlos durchs Fallrohr sausen. In Wald und Wiese kann der Regen versickern und Grundwasser bilden, im städtischen Raum dagegen gibt es dafür zu viele versiegelte Flächen, das Regenwasser geht den Gartenpflanzen verloren.

Besonders bei Starkregenereignissen wäre es daher toll, die Kanalisation zu entlasten und das Regenwasser im Garten zu nutzen. Das hilft allen, denn durch das Versickern nimmt man dem Wasser Geschwindigkeit, es gelangt nicht ungebremst mit einer Ladung wertvoller Erde im Schlepptau in den nächsten Fluss, wo es zu Hochwasser führen kann.

In heißen Sommern ist die Versickerungsfläche auch eine echte Wohltat, sie sorgt für ein angenehmes, kühles Mikroklima. Die Pflanzen in einem Rain-Garden filtern außerdem Nähr- und Schwebstoffe aus dem Regenwasser und halten sie vom Grundwasser fern. Abgesehen vom Umweltaspekt bringt es auch finanzielle Vorteile durch das Einsparen von Abwassergebühren.

*Eibisch und Blut-Weiderich tolerieren wechselfeuchte Standorte.*

## Standort und Größe

Zunächst musst du eine geeignete Fläche für deinen Rain-Garden finden, die in mindestens 4 m Abstand von allen Grundstücksgrenzen und Gebäuden liegen sollte, also in sicherer Entfernung vom eigenen Keller und dem der Nachbarn. Das nächste Fallrohr sollte leicht erreichbar sein. Die Größe der Fläche muss ausreichend sein, um nicht nur einen normalen Regen, sondern möglichst auch ein Unwetter mit Starkregen zu verkraften, ohne überzulaufen. Wie groß die Fläche sein muss, hängt nicht nur vom größten anzunehmenden Starkregenereignis ab, sondern auch von der Bodenbeschaffenheit: Ein sandiger, gut dränierter Boden kann einen kleineren Rain-Garden vertragen als ein schwerer Boden, auf dem das Wasser lange stehen bleibt. Ist dein Boden nicht gerade Weltmeister im Versickern, ist das kein Beinbruch, nur ein zu hoher Grundwasserspiegel ist ein Hinderungsgrund. Ansonsten kannst du den Boden austauschen und verbessern.

Wie trinkfest dein Boden ist, lässt sich testen: Grabe ein etwa 15 cm tiefes Loch in den Gartenteil, der sich für den Rain-Garden eignen könnte, und fülle es randvoll mit Wasser. Nun heißt es Abwarten und Tee trinken. Ist das Wasser nach 24 Stunden verschwunden, ist der Boden geeignet, sonst muss er verändert werden, bis er den nötigen Durst entwickelt hat. Wenn du den Rain-Garden zusammen mit einer Regentonne am selben Fallrohr betreibst, dient diese in einem Dürresommer als zusätzlicher Puffer bei einem sintflutartigen Gewitterregen – und bevor sie schließlich überläuft, wird die Sickergrube geflutet.

## ZAHLEN & FAKTEN

Die folgende Formel hilft dabei, die in etwa benötigte Größe der Versickerungsfläche zu berechnen, und zwar für ein anzunehmendes maximales Starkregenereignis von 40 l pro Quadratmeter:

**Beispiel 1**
(eine 20 cm tiefe Versickerungsmulde bei 100 m² Dachfläche):

100 m² (Dachfläche) × 0,04 (Regenmenge)
0,2 m (Tiefe)
= 20 m² Versickerungsfläche

**Beispiel 2**
(eine 30 cm tiefe Versickerungsmulde bei 150 m² Dachfläche):

150 m² (Dachfläche) × 0,04 (Regenmenge)
0,3 m (Tiefe)
= 20 m² Versickerungsfläche

### *Die Grube graben*

Hast du den Standort und die Größe bestimmt, geht es nun ans Ausheben – am besten mit der Schaufel, da ein Bagger den Boden so sehr verdichten würde, dass es am Ende doch ein Teich wird.

### *So geht's:*

1. Stecke die Fläche ab und entferne jeglichen Bewuchs.
2. Hebe die Grube so tief aus, wie die Formel vorgesehen hat, in unserem Beispiel also 20 beziehungsweise 30 cm tief. Ist dein Gartenboden mustergültig dräniert, bist du jetzt schon fertig.
3. Wenn nicht, musst du noch um die Höhe des Bodens tiefer ausschachten, den du tauschen musst, um die nötige Versickerungsfähigkeit zu erreichen – weitere 30 cm reichen in der Regel.
4. Die Ersatzmischung besteht grob aus drei Schubkarren voll Sand oder Kies, einer Schubkarre Kompost und einer mit Mutterboden. Mische alles gut und schütte es in die Grube.
5. Damit das Dachflächenwasser auch zum Rain-Garden kommen kann, muss eine gepflasterte Rinne vom Fallrohr bis zur Grube verlegt werden. Eine unterirdische Leitung wäre auch möglich, doch zum einen sparst du dir so das Plastikrohr, zum anderen ist eine Rinne kein Nadelöhr, sondern nach allen Seiten offen. Damit das Regenwasser die Erde nicht wegschwemmt, werden Kieselsteine vor die Mündung der Rinne gelegt, um den Fluss zu verlangsamen.

*Die Bach-Nelkenwurz wartet im Kalkschotter mit seiner durchlässigen Oberfläche sehnsüchtig auf den nächsten Wasserschwall.*

## Es darf gepflanzt werden

Da Samen in einem Rain-Garden schnell ausgespült werden, sind große Pflanzen einfacher zu etablieren. Möchtest du nach dem Setzen der Sträucher und Stauden mulchen, um das Einwandern von Gras und anderen Partycrashern zu verhindern, solltest du möglichst schweres Material wie groben Rindenmulch auftragen, das an Ort und Stelle liegen bleibt, wenn der Rain-Garden eine große Ladung Wasser abbekommt. Im ersten Jahr sind die Pflanzen auch in der Versickerungsgrube dankbar für ein bisschen Wasser, falls es lange Zeit nicht regnet.

## HILFE HOLEN

Die Anleitung ist recht verkürzt dargestellt. Wenn du Zweifel hast, die richtige Bodenmischung, Größe und Tiefe des Rain-Gardens zu finden, wende dich lieber an einen Gartenbaubetrieb, der dich beraten kann. Eine gut angelegte Versickerungsfläche ist in jedem Fall ein Gewinn fürs Grundwasser und die Gartentiere, die sich über die heimischen Pflanzen und das besondere Mikroklima freuen.

### *Heimische Pflanzen für wechselfeuchte Standorte wie den Rain-Garden*

| Deutscher Name | Botanischer Name | Blütezeit |
|---|---|---|
| Echter Baldrian | *Valeriana officinalis* | April–Juli |
| Gewöhnlicher Beinwell | *Symphytum officinale* | April–Juni |
| Echter Eibisch | *Althea officinalis* | Juli–September |
| Wald-Engelwurz | *Angelica sylvestris* | Juli–September |
| Gewöhnlicher Gilbweiderich | *Lysimachia vulgaris* | Juni–August |
| Kriechender Günsel | *Ajuga reptans* | Mai–Juni |
| Sumpf-Haarstrang | *Peucedanum palustre* | Juli–August |
| Scharfer Hahnenfuß | *Ranunculus acris* | Mai–Juni |
| Jakobsleiter | *Polemonium caeruleum* | Juni–Juli |
| Wilde Karde | *Dipsacus fullonum* | Juli–August |
| Echtes Mädesüß | *Filipendula ulmaria* | Juli–September |
| Narzisse | *Narcissus* spec. | April |
| Pfeifengras | *Molinia* spec. | Juli–September |
| Sumpf-Schafgarbe | *Achillea ptarmica* | Juli–September |
| Wiesen-Schaumkraut | *Cardamine pratensis* | April–Juni |
| Gewöhnlicher Schneeball | *Viburnum opulus* | Mai–Juni |
| Schneeglöckchen | *Galanthus nivalis* | Februar–März |
| Sibirische Schwertlilie | *Iris sibirica* | Mai–Juni |
| Gewöhnliches Seifenkraut | *Saponaria officinalis* | Juni–Oktober |
| Silberährengras | *Stipa calamagrostis* 'Algäu' | Juni–Oktober |
| Sumpf-Storchschnabel | *Geranium palustre* | Juni–August |
| Gewöhnlicher Wasserdost | *Eupatorium cannabinum* | Juli–August |
| Rosmarinblättrige Weide | *Salix rosmarinifolia* | April |
| Blut-Weiderich | *Lythrum salicaria* | Juni–September |
| Gelbe Wiesenraute | *Thalictrum flavum* | Mai–Juli |
| Sumpf-Wolfsmilch | *Euphorbia palustris* | Mai–Juni |
| Sumpf-Ziest | *Stachys palustris* | Juni–August |
| Wald-Ziest | *Stachys sylvatica* | Juni–August |

*Blut- und Gilbweiderich sind heimisch und ideal zur Bepflanzung von Sickermulden, außerdem sind sie bei Insekten beliebt.*

# DÜNGEN – WOMIT UND WIE VIEL?

Eine schneeweiße Flasche Dünger aus 90 % Recycling-Polyethylen, darin nur natürliche Zutaten, alles zugelassen für den Bioanbau. Der Inhalt sieht aus wie Maggi und riecht auch so gut, als könnte man bedenkenlos den Eintopf damit würzen. Das macht alles einen guten Eindruck, bis man beginnt, über die Inhaltsstoffe zu recherchieren. Pflanzen brauchen Stickstoff, Kalium und Phosphor, um gut zu wachsen, daher sind diese drei Elemente auch in der Düngerflasche angereichert. Der Bösewicht im nützlichen Trio ist Phosphor, denn keine Pflanze kann ihn produzieren. Daher stammt er aus Kompost, Mist und Gülle. Auch aus Klärschlamm ließe sich Phosphor gewinnen, das Verfahren hat aber noch keine Zulassung für den Bioanbau. Stattdessen ist dort Rohphosphat erlaubt, das aus dem Tagebau stammt, also im großen Stil die Umwelt zerstört und Schwermetalle wie Uran und Cadmium enthält. Außerdem steht dieses Phosphat ziemlich weit oben auf der Liste der aussterbenden Elemente, die Lagerstätten sind bald leer. Und tatsächlich, auch in meiner weißen Düngerflasche befindet sich Rohphosphat, während die anderen Elemente vorbildlich aus der Lebensmittel- und Futtermittelherstellung stammen. Bis der große Hoffnungsträger Struvit, ein phosphathaltiges Mineral aus der Klärschlammaufbereitung, für den Bioanbau zugelassen ist, kann es noch dauern.

## *Bei Bedarf Biodünger*

Andere Biodünger für den Garten bestehen zu 100 % aus Klee oder Pferdemist oder gewinnen Phosphor aus Algen und tierischen Nebenprodukten. Trockene Dünger in Pelletform haben auch den Vorteil, dass sie in Papier verpackt werden anstatt in Plastik.

Im Unterschied zum Biodünger werden vollständig mineralische Produkte wie Blaukorn unter hohem Energieeinsatz produziert, sind für Säugetiere giftig und führen zu keinem Humusaufbau, können aber schnell zur Überdüngung führen, da sie leicht löslich und sofort für die Pflanzen verfügbar sind.

Bevor du nachhilfst, nimm zunächst eine Bodenprobe. Fehlendes Phosphat bringt man mit Mist in die Erde, die meisten Böden sind damit aber überversorgt. Lupine oder Luzerne reichern Stickstoff aus der Luft in ihren Wurzeln an und geben ihn frei, wenn sie verrotten. Ist nur Stickstoff Mangelware, lässt sich das mit Hornspänen beheben, die aber erst durch Mikroorganismen bearbeitet werden müssen. Mit Kompost, Rasenschnitt und Falllaub versorgte Beete benötigen meist keinen Dünger. Auch Magerbeete (Seite 68), Steingärten und Kiesbeete brauchen keine Hilfe von außen, da ihre Bewohner magere Kost gewohnt sind. Ein Zuviel an Nährstoffen würde hier nur das Einwandern von opportunistischen Wildkräutern fördern.

ORGANISCHE DÜNGER, VON RECHTS NACH LINKS: HORNSPÄNE LIEFERN STICKSTOFF, DER DÜNGER MIT SCHAFWOLLE ENTHÄLT ALLE NÄHRSTOFFE, DEM FLÜSSIGDÜNGER AUS VINASSE FEHLT PHOSPHOR.

GEPRESSTE SCHAFWOLLPELLETS AUS DER PAPPSCHACHTEL LIEFERN STICKSTOFF UND KALIUM, VERBESSERN ABER AUCH DIE WASSERSPEICHERFÄHIGKEIT DES BODENS.

### *Für Rasen und Kübel*

Ein Golfrasen muss mehrmals im Jahr gedüngt werden, am besten mit organischem Dünger aus der Pappschachtel. Mit dem Mulchmäher reduziert sich die Menge. Oder wie wäre es mit einem Blumenrasen, der nur alle zwei Wochen gemäht wird und keinen Dünger braucht?

Kübel mit immer hungrigen Gemüsekulturen lassen sich mit einer Kopfdüngung aus Kompost sowie Flüssigdünger päppeln. Flüssige Produkte ohne Rohphosphat werden zum Beispiel aus 100 % Zuckerrübenextrakt, Vinasse genannt, hergestellt. Da Flüssigdünger aber nicht in Glasflaschen verkauft wird, bleibt das Problem der Plastikverpackung. Du kannst es umgehen, indem du ihn selbst herstellst (Seite 70). Das riecht dann allerdings nicht nach Gemüseeintopf.

#machsnachhaltig

# GÄRTNERN OHNE DÜNGER: DAS MAGERBEET

Das Wort Magerbeet klingt zunächst nach wenig Glamour und wenig Blüten – vielleicht denkst du jetzt als erstes an Magerquark, der eher ein bisschen spaßbefreit daherkommt. In einem nährstoffarmen Beet wachsen tatsächlich keine üppigen Pfingstrosen oder die üblichen Prachtstauden, dafür aber andere schöne Pflanzen, die gelernt haben, mit wenig auszukommen. Das ist alles andere als langweilig – von Frühling bis Herbst zeigen die Bewohner magerer Standorte viele Blüten und interessante Samenstände. Das Magerbeet könnte bald dein Lieblingsplatz werden, weil es hier immer ganz besonders summt und brummt. Hinzu kommt, dass die Pflanzen einmal eingewachsen kaum noch Wasser brauchen und vor allem keinen Dünger, das spart viele Rohstoffe sowie Verpackungen – und der Kompost bleibt für bedürftigere Gartenteile übrig.

### Ein Magerbeet anlegen

Zunächst musst du dich für eine sonnige Stelle entscheiden. Wenn dein Garten sowieso schon auf Sand gebaut ist, brauchst du nun nichts weiter zu tun, du kannst das mühsame Einarbeiten von Kompost einstellen, denn der Boden ist schon von Hause aus mager und durchlässig genug für die anvisierte Pflanzenklientel.

Hast du sehr lehmigen, fruchtbaren Boden, kannst du ihn abmagern. Die Frage ist allerdings, ob der Aufwand lohnt, das Substrat mit der Brechstange passend zu machen. Vielleicht ist hier ein Obst- und Gemüsegarten die bessere Wahl, er spart immerhin indirekt viel Verpackungsmüll ein, weil man weniger Nahrungsmittel kaufen muss.

Ist dein Boden weder sandig noch lehmig, sondern irgendwo dazwischen, ist das Magerbeet ein lohnendes Unterfangen. Um es den Pflanzen so angenehm wie möglich zu machen, wird der vorhandene Boden mit Betonkies der Körnung 0–16 mm

*Königskerze, Wegwarte und Schafgarbe sorgen für einen lockeren, wiesenartigen Charakter.*

gemischt. Auf 50 m² Fläche werden etwa 8 m³ davon benötigt. Die unterschiedliche Körnung sorgt für eine haltbare Struktur und erleichtert die Wurzelbildung und das Aussamen. Eine Schicht aus gröberem Schotter oder Lavamulch obenauf dient der Stabilität.

Eine Alternative für kleine Beete und weniger aufwendig bei der Anlage ist eine Art Sandkasten, der einfach auf einem Stück Rasenfläche angelegt wird, ohne den Rasen vorher entfernen zu müssen. Pflanzen mit Pfahlwurzel erreichen irgendwann den nährstoffreicheren Gartenboden, kleine bleiben in der mageren Sandschicht.

Für den Frühjahrsaspekt kannst du zusätzlich Krokusse, Traubenhyazinthen, Großen Milchstern (*Ornithogalum magnum*), Bulgarischen Honiglauch (*Nectaroscordum siculum* subsp. *bulgaricum*) und Wildtulpen einsetzen. Im Spätsommer blühen Ausdauernder Lauch (*Allium senescens*) und Prachtscharte (*Liatris*). Mit der Zeit wird sich die Zusammenstellung der Pflanzen verändern, manche werden sich stark aussamen und dabei andere verdrängen, Fixpunkte sind langlebige Gräser und Stauden wie die Indigolupine (*Baptisia australis*). Es ist nicht vorhersehbar, wer am Ende gewinnt, doch genau das macht das Magerbeet so spannend.

## Trockenheitsverträgliche Pflanzen

Es gibt wahre Hitze-Helden, die sich als Bepflanzung eines Magerbeets eignen:

- **Kleinblütige Bergminze (*Clinopodium nepeta*, Syn. *Calamintha nepeta*)**
- **Blauraute (*Perovskia* spec.)**
- **Russel-Brandkraut (*Phlomis russeliana*)**
- **Gewöhnlicher Dost (*Origanum vulgare*)**
- **Große Fetthenne (*Sedum telephium*)**
- **Goldlack (*Erysimum cheiri*)**
- **Katzenminze (*Nepeta × faassenii*)**
- **Kugeldistel (*Echinops ritro*)**
- **Taubenkropf-Leimkraut (*Silene vulgaris*)**
- **Flachblättriger Mannstreu (*Eryngium planum*)**
- **Breitblättrige Platterbse (*Lathyrus latifolius*)**
- **Echter Salbei (*Salvia officinalis*)**
- **Rote Spornblume (*Centranthus ruber*)**
- **Stockrose (*Alcea rosea*)**
- **Ysop (*Hyssopus officinalis*)**

#machsnachhaltig

# FLÜSSIGDÜNGER SELBST GEMACHT

Zugegeben: Der Duft der großen weiten Welt geht anders, aber da musst du durch, wenn du deinen eigenen Flüssigdünger herstellen möchtest. Und keine Sorge: Auch wenn Pflanzenjauchen etwas befremdlich riechen, es stinkt nur kurz zum Himmel. Einmal im Garten ausgebracht, verzieht sich das herbe Aroma auch schnell wieder. Die Zutaten für den Flüssigdünger ohne Plastikverpackung können direkt aus dem Garten kommen, wenn wir den nutzbringenden Pflanzen ein Eckchen im Beet einräumen: Brennnessel, Beinwell und Schachtelhalm sind die Stars am Düngehimmel. Man braucht nichts weiter als klein gehackte Blätter und Stiele dieser Kräuter als Ausgangsmaterial. Alles wird so lange im Wasserbad eingeweicht, bis es vergoren ist und die Inhaltsstoffe an das Wasser abgegeben wurden. Das dauert etwa zwei bis drei Wochen. Als weitere Zutaten benötigst du einen Eimer und einen Stab zum Umrühren. Gegen den Gestank hilft Gesteinsmehl, ein Deckel hält die fauligen Gase zusätzlich unter Verschluss, man muss sich ihnen aber trotzdem alle paar Tage aussetzen, um zu lüften.

Zwar weiß man nie so genau, welche Dünger-Dosierung in der Jauche enthalten ist, denn das hängt unter anderem davon ab, auf welchem Boden und unter welcher Besonnung die Pflanze stand. Dafür kann man aber sicher sein, dass der Boden nicht überdüngt oder die Pflanzen durch die Düngergabe verbrannt werden – ein echtes Naturprodukt eben. Da die fertige Jauche verdünnt wird, kommt man mit einem Eimer voll schon ziemlich weit.

## Brennnessel

Wo die Brennnessel wächst, zeigt sie einen hohen Stickstoffgehalt im Boden an. Man könnte sie nun also einfach ganz herausreißen und dort hungriges Gemüse anpflanzen, wenn der Standort sonnig genug ist, oder sie immer wieder nutzen, um Dünger aus ihr herzustellen und nebenbei die Rau-

pen schöner Tagfalter wie Tagpfauenauge, Kleiner Fuchs, Landkärtchen oder Admiral am Laub fressen zu lassen. Der Stickstoff aus dem Boden findet sich auch im Laub der Brennnessel wieder, den sie bei der Vergärung ans Wasser abgibt. Die Jauche eignet sich daher gut für die Starkzehrer unter den Gemüsepflanzen oder für Kübelpflanzen.

### So geht's:

1. **Ernte 0,5–1 kg Brennnesseltriebe, bevor die Pflanzen Blüten angesetzt haben, und zerkleinere sie.**
2. **Gib die Pflanzenteile in 10 l Wasser.Damit die Gärung schnell geht, darf der Eimer sonnig stehen. Zur Milderung von Gerüchen kannst du noch zwei Esslöffel Steinmehl einrühren. Rühre alle paar Tage um.**
3. **Zunächst schäumt die Brühe. Wenn sie damit aufgehört hat und klar geworden ist, ist sie reif zum Gebrauch. Die Jauche wird 1:10 mit Wasser verdünnt als Flüssigdünger verwendet, alle vier Wochen etwa 1 l pro Quadratmeter.**

### Beinwell

Beinwellblätter enthalten neben Stickstoff viel Kalium. Die Pflanze mit den großen Blättern neigt zum Wuchern und treibt nach einem Rückschnitt rasch wieder aus. Sie sollte in keinem Garten fehlen, da sie neben ihrer Düngewirkung auch Hummeln mit ihren Blüten versorgt. Du kannst das zerkleinerte Laub auch einfach als düngendes Mulchmaterial verwenden. Eine Jauche wird genauso hergestellt wie bei der Brennnessel beschrieben.

# HEX, HEX: KOMPOSTIEREN

Um Garten- und Küchenabfälle in fruchtbare Erde zu verwandeln, braucht man nicht unbedingt einen großen Komposter. Eigentlich reicht schon ein Haufen, um dasselbe Ergebnis zu erzielen. Gibt man dann noch Substrat oben auf und setzt Gemüse hinein, hat man schon fast ein Hügelbeet angelegt, das von der Verrottung in den unteren Schichten profitiert.

Weniger Kuddelmuddel sind eine oder mehrere Kompostkammern, die vorn mit Holzlatten oder einem Gitter lose verschlossen werden, bis der Kompost reif ist und entnommen werden soll. Die drei restlichen Wände können aus Holzpaletten oder Metallgittern bestehen oder gemauert werden. Es gibt auch Bausätze aus Holz zu kaufen, die man nur noch zusammenstecken muss. Um die Wärme zu halten, kann die Oberseite noch mit einer Schilfmatte oder einem alten Baumwollteppich abgedeckt werden.

Der Nachteil dieser Varianten ist, dass Nager sehr leicht an Gemüseabfälle herankommen. Während man Wühlmäusen mit einer Lage Kaninchendraht den Zugang von unten verwehren kann, wandern Ratten auch von oben ein. Hier kommen geschlossene Thermokomposter ins Spiel, die leider – du hast es sicher schon geahnt – aus Kunststoff bestehen. Sie sind gut vor Nagern geschützt und halten die Wärme besser. In kleinen Gärten findet man daher oft diese kompakten schnellen Brüter. Auch ich habe so einen grünen Freund mit einem hohen Anteil Recycling-Kunststoff. Am besten ist natürlich wieder einer aus Polyethylen. Er gewinnt zwar keinen Schönheitspreis, aber wenn man ein hochwertiges Produkt kauft, das man leicht zusammenbauen kann, ohne vier Arme dafür zu brauchen, hat man auch Jahrzehnte Freude daran. Thermokomposter sind allerdings auch schlechter belüftet als luftigere Modelle, daher kannst du ruhig auf plastiklose Varianten zurückgreifen, denn der Geschwindigkeitsvorteil der Rotte durch die höheren Temperaturen ist zu vernachlässigen, stattdessen muss man sorgfältiger durchmischen, damit keine Fäulnis entsteht.

### *Die Mischung macht's*

Wie auch immer dein Komposter aussieht, er muss Bodenkontakt haben, damit Kompostwürmer ihn besuchen. Außerdem ist es wichtig zu wissen, was hineindarf: Tabu sind gekochte Essensreste, kranke Pflanzen, der Inhalt des Katzenklos, Asche sowie Schalen von gespritzten Zitrusfrüchten – wobei die Kompostwürmer auch beleidigt sind, wenn sie zu viele Biozitronenschalen auf einmal bekommen. Ganze Äste und Kiefernzapfen sind zwar nicht verkehrt, brauchen aber unzerkleinert einfach zu lange zum Verrotten. Staudenschnitt, Obst- und Gemüseabfälle, Grasschnitt, Falllaub, Eierschalen, Kaffeesatz, Tee und geschredderte Äste ergeben einen guten Kompost, der schnell fertig ist. Wurzelunkräuter macht man mürbe, indem man sie vor

dem Kompostieren in Wasser schmoren lässt, bis sie sich auflösen.

Im Frühjahr wird dann der obere, unverrottete Teil mit der Mistgabel abgehoben und danebengelegt, um an die unteren Schichten zu kommen. Sie werden entnommen und im Garten als Mulch, für ein neues Hügelbeet oder zur Herstellung eigener Blumenerde verwendet. Ich werfe den Kompost immer einfach auf die Beete und überlasse den Regenwürmern das Untergraben. Das Rotkehlchen begleitet mich dabei auf Schritt und Tritt, später suchen Amsel, Singdrossel und Zaunkönig im frisch verteilten Kompost nach Asseln und Würmern. Ist der Komposter leer, wird der unverrottete Teil wieder kopfüber hineingeworfen. Nun ist er aufnahmefähig für neue Aufgaben.

# PFLANZENARBEIT: GRÜNDÜNGER

Eine Wellnessbehandlung deines Gartens mit Gründünger sieht hübsch aus und braucht keine Plastikflasche Dünger. Das Prinzip, mit Pflanzen zu düngen, die man eigens dafür aussät, eignet sich weniger gut für schon bepflanzte Staudenbeete. Wenn du deinen Gemüsegarten aber in Parzellen aufgeteilt hast und eine Fruchtfolge darin einhältst, wird jedes Jahr ein anderer Abschnitt mit Gründünger als Pausenbrot eingesät. Doch auch zwischen Gemüsereihen oder auf Baumscheiben kann die Einsaat sinnvoll sein. Bei der Neuanlage eines Gartens bietet es sich sowieso an, erst einmal den Boden auf seine neuen Aufgaben vorzubereiten.

## So funktioniert's

Die Gründüngerpflanzen treten dabei in verschiedenen Disziplinen an: Da sind zum einen die Verwandlungskünstler, die aus Luft Stickstoff zaubern und ihn in ihren Wurzeln einlagern. Wenn sie verrotten, wird er wieder frei und landet im Boden. Zum anderen gibt es die bahnbrechenden Kraftprotze, die verdichtete Erdschichten lockern, lüften und den Regenwürmern den Weg bereiten. Manche Pflanzen wie die Lupine sind sogar multitaskingfähig und gut in beiden Disziplinen. Außerdem schützen die Gründüngerpflanzen durch ihr dichtes Blattwerk einen brachliegenden Boden vor Verschlämmung und halten ihn feucht. In jedem Fall steigt am Ende auch der Humusgehalt des Erdreichs. Bestäubende Insekten freuen sich zudem an den vielen Blüten.

Als Stickstoffsammler treten die Leguminosen an, zum Beispiel Rot- und Inkarnat-Klee, Luzerne, Lupine oder Wicken. Buchweizen wurzelt tief und kommt auch mit leichten Böden zurecht. Bienenfreund (*Phacelia*) stellt ebenfalls keine großen Ansprüche an den Boden und lockert ihn. Winter-Raps wurzelt sogar noch tiefer und hat den Vorteil, dass er das Erdreich den ganzen Winter über mit seinem dichten Laub schützt. Er wird nur noch vom Kraftprotz Sonnenblume übertroffen, die dem Boden eine Wurzelbehandlung bis in 3 m Tiefe verpassen kann – und auch oberirdisch eine stattliche Erscheinung ist.

## Was und wann

Bei der Wahl der passenden Gründüngerpflanze muss die Fruchtfolge bedacht werden: Winter-Raps sollte nicht auf Kohl folgen, Leguminosen nicht vor oder nach Erbse oder Bohne wachsen. Keinen negativen Effekt auf Gemüsekulturen hat *Phacelia*. Die Samen werden zwischen März und Oktober auf einen unkrautfreien Boden gesät und die Körner anschließend gut angedrückt. Buchweizen, Gelbe Lupine, Sonnenblume, Tagetes, Ringelblume und

Bienenfreund kommen am besten im Frühjahr in die Erde. Winter-Raps und Winter-Roggen werden im Herbst gesät. Rot-Klee ist winterhart, und damit ist er recht flexibel, was den Aussaatzeitpunkt angeht, solange es nicht im Winter geschieht. Haben die Pflanzen ihren Dienst erledigt, gut geblüht und setzen nun Samen an, werden sie abgemäht und als Mulch auf der Fläche liegen gelassen oder leicht in den Boden eingearbeitet, wenn sie gut durchgetrocknet sind. Sehr dicke Stängel wie die von Sonnenblumen müssen allerdings zerkleinert werden. Den Vögeln zuliebe kannst du natürlich mit dem Abmähen warten, bis alle Samen reif geworden sind und aus Sonnenblume und Tagetes herausgepickt wurden. Die Wurzeln bleiben drin und machen sich unter der Erde nützlich: Wenn sie verrotten, entstehen Gänge für die Regenwürmer.

# STINKEN FÜR DEN GUTEN ZWECK: MIST UND CO.

Beim Anblick von Pferdeäpfeln mitten auf Wanderwegen muss ich mich immer ganz gehörig zügeln – denn welcher ernsthafte Kompostgärtner könnte an diesen kostenlosen, mit organischem Dünger vollgepumpten Kraftpaketen tatenlos vorbeigehen? Und tatsächlich hatte ich noch nie so prächtige Pflanzen wie in dem einen Sommer, nachdem ich die gefundenen „Pferdeäpfel to go" in den Komposter geworfen hatte – die Fingerhüte wuchsen mehrtriebig und die Wilde Malve hatte so viele Blüten wie nie zuvor. Da Pferdemist unverdaute Bestandteile enthält und oft Stroh aus dem Stall, hat er schon eine für den Kompost perfekte Mischung aus kohlenstoffreichen und -armen Zutaten. Noch dazu enthält er Stickstoff, Kalium und Phosphat, also alle wichtigen Pflanzennährstoffe. Wenn du in der Nähe eines Reiter- oder Gnadenhofs wohnst, bekommst du dort sicher große Mengen Mist. Manche Höfe bieten auch einen Lieferdienst, du kannst dir mit mehreren Gartenbesitzern eine Bestellung teilen.

Allerdings vertragen nur wenige robuste Pflanzen wie Obstgehölze eine Mulchschicht aus Pferdeäpfeln. Besser ist es, sie auf den Kompost zu geben. Mist gibt außerdem Wärme ab bei der Verrottung, sodass er sich wie eine Fußbodenheizung auch als unterste Schicht im Hoch- oder Frühbeet eignet. Frag aber im Zweifel vorher nach, ob die Pferde mit Medikamenten behandelt wurden. Robuste Rassen erhalten deutlich weniger Antibiotika – denn die wollen wir lieber nicht im Garten haben.

Auch Kuh- und Hühnermist sowie die Einstreu von Kaninchenställen eignen sich zum Düngen im heimischen Garten.

Wer den Geruch scheut oder keine Möglichkeit hat, an Mist heranzukommen, kann auf getrocknete Pellets aus Pferde-, Schaf- oder Rinderdung zurückgreifen. Sie dürfen sofort in den Boden eingearbeitet werden und kommen meist sogar plastiklos in einer Papiertüte verpackt daher.

## *Der Aufwand lohnt: Terra Preta*

Mist – Hartgesottene können ihn durch Urin ersetzen – wird auch bei der Herstellung von Terra Preta verwendet. Diese eigentlich uralte Technik zur Düngerherstellung kommt aus dem Amazonasgebiet und wurde unlängst wiederentdeckt. Ein Hauptbestandteil von Terra Preta ist Pflanzenkohle, die mit Nährstoffen aus dem Mist aktiviert wird. Holzkohle für den Grill eignet sich nicht, sie enthält oft Schwermetalle, stattdessen kannst du Holz aus dem Garten verkohlen.

Wenn du selbst Pflanzenkohle und damit Terra Preta herstellen möchtest, bietet sich ein Kurs an. Da die wertvolle schwarze Erde nach dem Rezept aus dem Regenwald so ein Wundermittel ist, bieten immer mehr Organisationen entsprechende Seminare an.

DER TRAUM EINES JEDEN KOMPOST-GÄRTNERS: EIN MISTHAUFEN. ER LIEFERT ALLE PFLANZENNÄHRSTOFFE.

KLEINVIEH MACHT AUCH MIST: DIE EINSTREU VON NAGERN KANN PROBLEMLOS KOMPOSTIERT WERDEN.

## Vom Himmel gefallen: Laubkompost

Eine weitere, ganz einfache Möglichkeit, Dünger herzustellen, ist Laubkompost. Vielleicht fällt bei dir mehr Falllaub an, als die Beete vertragen würden, die Schneeglöckchen sollen ja im Frühjahr noch aus eigener Kraft die Laubschicht stemmen können. Vor allem die großen Blätter von Ahornbäumen sind oft zu viel des Guten. Kehre das überschüssige Laub einfach auf den Rasen und fahre mit dem Rasenmäher darüber. Es geht auch ohne Zerkleinern der Blätter, aber so dauert die Verrottung länger. Füll das Laubkonfetti dann in einen Jutesack, den du an einen schattigen, feuchten Ort im Garten auf die Erde stellst. Nun machen sich Pilze und Würmer an die Arbeit, nach etwa einem Jahr ist krümelige, duftende Lauberde entstanden, die sich gut zum Strecken von Blumenerde eignet oder einfach als Dünger.

# BINDEN, STÜTZEN UND BEGRENZEN

Manchmal wächst der Garten mehr, als uns lieb ist – doch wie bändigt man Pflanzen außer Rand und Band am besten und vor allem ohne Plastik? Zu kaufen gibt es jede Menge plastikfreie Produkte, aber wäre es nicht auch toll, wenn man die Materialien sogar aus den eigenen Gartenpflanzen gewinnen könnte? Hier findest du Ideen für den Eigenanbau sowie für die schnelle käufliche Variante.

# BITTE ANSCHNALLEN: BINDEMATERIAL

Stauden in Anbindehaltung? Manchmal muss es sein, sonst liegen die Wicken quer im Weg herum, anstatt das Rankgerüst zu erklimmen, oder die Stockrose wird zum Bodendecker. Erst solltest du aber die Beetsituation oder die Sortenwahl beleuchten, bevor du die Pflanzen fesseln musst.

Vielleicht ist der Platz zu schattig, sodass sich Stauden im Beet aus lauter Verzweiflung in Schräglage bringen, um mehr Sonnenlicht zu erhaschen. Oder der Boden ist zu nährstoffreich für die ihm zugedachte Pflanzengesellschaft, was zu instabilen, langen Stängeln führt. Hier hilft es, für mehr Sonne zu sorgen, schattenverträgliche bzw. nährstoffliebende Arten zu setzen oder das Düngen einzustellen.

Oft ist auch die Sorte schuld, wenn die Pflanze einfach nicht standfest sein will. Großblütige Hortensien zum Beispiel sind oft Wackelkandidaten. Bei vielen Pflanzen gibt es zum Glück kleinwüchsige Auslesen, die weniger Mühe machen. Tomatensorten wie 'Vilma', 'Balkonstar' oder 'Rotkäppchen' bleiben kompakt und kippeln nicht, 'Tumbling Tom' lässt sich einfach hängen und wächst nach unten. Ein bisschen Planung hilft also am Ende, viel Material zu sparen.

### ES GEHT AUCH OHNE

Pflanzt man Tomaten an einen Spiralstab aus Metall, kann man sich das Anbinden oft ganz sparen, wenn es keine ausufernd wachsende Sorte ist. Die Triebe werden einfach in die Windungen des Haltestabs eingeflochten und halten so von allein.

### *Kompostierbare Schnüre*

Selbst wenn man alles richtig gemacht hat und die Pflanzen perfekt zum Boden und zu den Lichtverhältnissen passen, reicht oft schon ein Gewitter und es braucht meterweise Seil, um Ordnung ins Chaos zu bringen. Kunststoffschnüre halten lang und viel aus, aber sie bergen die Gefahr, abzufallen und auf Nimmerwiedersehen im Garten unterzutauchen. Auch findige Meisen können auf der Suche nach Nistmaterial Schnüre zerfleddern und so Mikroplastik in die Natur bringen. Besser sind Schafwolle, Hanf, Baumwolle, Sisal und Jute. Sie halten zwar meist nur eine Saison, doch wenn sie

im Garten verschwinden, führt das nur zu Humus; und es ist nicht schlimm, wenn die maroden Reste im nächsten Mäusenest verbaut werden. Fertig zugeschnitten kommen papierummantelte Drahtstücke daher, die sich ganz fix ohne Zange zum Anbinden von wirren Trieben verwenden lassen. Muss man gleich einen ganzen Satz Erbsen einwickeln, gibt es sogar filigrane Netze aus Jutegarn, die feste Alternative ist Hasendraht.

## *Vom Kleiderschrank in den Garten*

Mit einem alten Gürtel kann man einen frisch gepflanzten Baum an den Stützpfahl binden.

Zum Befestigen von Tomaten, Sträuchern und Stauden tut es auch ein in Streifen geschnittenes, altes Baumwoll-T-Shirt, gern passend zur Blütenfarbe. Auch der Jeans-Look aus Stoffbändern steht vielen Stauden gut. So lässt sich auch bis zur Samenreife kennzeichnen, welcher Couleur die Blüte angehörte, um eine besondere Sorte zu vermehren. Ich habe mit einem kleinen Schal aus Stoff beispielsweise markiert, welche Goldlackpflanzen in diesem unwiderstehlichen, zarten Zitronenfaltergelb blühten, um gezielt diese Form durch Aussaat zu fördern. Wichtig ist nur, dass kein Elasthan im Stoff enthalten ist, falls die Stofffetzen sich im Garten selbständig machen.

Im Folgenden findest du Pflanzen, die man drinnen oder draußen anbauen kann, um eigenes Bindematerial zu züchten – ganz ohne Verpackung und Transportweg.

# BINDUNGSFÄHIGE PFLANZEN

## Bogenhanf

*Sansevieria* spec.

Wenig liebevoll Schwiegermutterzunge oder Beamtenspargel genannt, hat es der Bogenhanf auch nicht leicht. Früher verstaubte er auf jeder Fensterbank, heute gilt er als verstaubt. Dabei gibt es kaum eine Zimmerpflanze, die so tapfer in trockener Heizungsluft standhaft bleibt. Nur zu viel Wasser bringt den Bogenhanf um – es sind weit mehr Pflanzen ertrunken als vertrocknet. Droht er den Topf zu sprengen mit seinem dicken Rhizom, nimmt man ihn heraus und teilt ihn. Ein Stück kommt zurück in den Topf mit neuer Erde, den Rest kann man verschenken.

Die Pflanze hat den Bogen raus: Aus den Blättern lassen sich Schnüre gewinnen, daher der Name. *Sansevieria trifasciata* eignet sich dazu nicht so gut wie die Arten mit zylindrischen Blättern, *S. cylindrica* und *S. suffruticosa*.

**So wird er bindungsfähig** Um aus dem Bogenhanf Bindematerial zu zaubern, gibt es mehrere Methoden. Eine wendet rohe Gewalt an: Man klopft mit dem Hammer auf dem Blatt herum, bis es matschig wird, anschließend streicht man mit dem Hammer in Richtung der Blattspitze mit viel Druck. Nun lässt sich die breiige Masse von den Fasern trennen, die dann getrocknet werden. Sanfter ist die Wassermethode: Die Blätter werden für ein paar Tage in Wasser eingeweicht, bis sie mürbe sind. Bloß nicht zu lange, das stinkt erbärmlich! Die Belastbarkeit der Schnüre liegt zwischen der von Sisal und Jute. Man kann das komplette Blatt auch nach dem Trocknen zu einem dicken Zopf flechten.

### ZAHLEN & FAKTEN

- Zimmerpflanze aus Afrika mit aufrechten Blättern bis 1,50 m Länge
- kräftiges Rhizom
- liebt einen sonnigen Standort, kältetolerant bis 5 °C
- trockenheitsverträglich

## Gewöhnliches Pfaffenhütchen

*Euonymus europaeus*

Mein Pfaffenhütchen ist fantastisch. Die Vögel haben mir mit Liebe zum Detail ein Exemplar mittig an den Zaun gesät, wo es mit seinen hübschen Früchten den Herbst erröten lässt. Sie haben eine durchaus extravagante Farbkombi: Die modische Entgleisung, Pink mit Orange zu kombinieren, kann sich nur ein echter *Euonymus* leisten – und dabei noch gut aussehen und nicht wie ein dahergelaufener Clown. Rotkehlchen, Amseln und Mönchsgrasmücken sind jedenfalls dann Stammgäste und holen sich die Samen. Leider wird mein Strauch auch vom Wilden Wein berankt, zerrt man dann zu sehr an den Ranken, bricht vom spröden Pfaffenhütchen schnell ein ganzer Ast ab. Bei so einer Gelegenheit habe ich festgestellt, dass die Rinde sich als Bindematerial eignet. Trotzdem kann das Pfaffenhütchen vor mir sicher sein, ich ernte nie zu viel, sodass noch genug für die Vögel bleibt.

**So wird es bindungsfähig** An frischen Ästen lässt sich die grüne Rinde leicht mit dem Messer abschälen. Sie ist reißfest und elastisch genug, um einen Knoten zu binden. Ich binde mit den Streifen die Wicken am Rosenbogen auf, durch die grüne Farbe sind die Knoten kaum sichtbar. Mit der weißen Seite nach außen lässt sich die aufgebundene Pflanze sogar noch beschriften. Das hält ein paar Wochen, mindestens aber, bis die Wicken sich selbst an die Leine gelegt haben. Irgendwann fallen die Rindenstücke einfach ab.

### ZAHLEN & FAKTEN

- Höhe 2–5 m, Breite 2–3 m
- mag Sonne oder Halbschatten
- kleine weiße Blüten von Mai bis Juni
- orange-rote, giftige Früchte ab September
- liebt einen nährstoffreichen, nicht zu trockenen Boden mit viel Kalk
- rötliche Herbstfärbung, dazu Fruchtschmuck

## Rotfrüchtige Zaunrübe

*Bryonia dioica*

Die Zaunrübe ist etwas für Nostalgiker: Ihre aufgewickelten Rankorgane erinnern an Telefonschnüre, bevor schnurlose Geräte erfunden waren. Und warum nicht auch mal eine wilde Zaunrübe an den Rosenbogen setzen? Oder gleich ein Pärchen, links das Männchen, rechts das Weibchen? Die heimische Staude, die von den Vögeln oft in den Garten gesät wird, klettert gern und braucht selbst nicht aufgebunden zu werden, da sie sich mit ihren korkenzieherartigen Ranken an allem gut selbst festhält. Ihre weinähnlichen Blätter sind zierend, eine Fülle von weißen Blüten zieht Bienen an, unter anderem die Zaunrüben-Sandbiene. Hat man eine Pflanze am falschen Platz im Garten gesichtet, die Stelle markieren und die rübenähnliche Wurzel im Winter ausgraben, dann an den gewünschten Platz umsetzen. Ihre langen Triebe ergeben wunderbare Schnüre, mit denen man andere Pflanzen festbinden kann.

**So wird sie bindungsfähig** Am besten geeignet sind die männlichen Pflanzen, denn ihre Triebe ziehen ab August ein und tragen keine Beeren. Man kann sie dann knapp über dem Boden abschneiden und zum Anbinden von großen Stauden verwenden. Die Enden lassen sich leicht verknoten, die Schnüre sind außerordentlich reißfest. Die weiblichen Triebe mit den Beeren können als schmückende Girlanden dienen.

### ZAHLEN & FAKTEN

- Höhe 0,5–4 m, Breite 60 cm
- weiße Blüten von Juni bis September
- weibliche Pflanzen mit roten, giftigen Beeren
- für Sonne oder Halbschatten
- mag einen nährstoffreichen, humosen Boden, anspruchslos
- rankende heimische Staude
- sät sich selbst aus

## Binsen (Bild oben)

*Juncus* spec.

Hast du einen Teich oder eine staunasse Stelle im Garten? Prima, dann hat sich vielleicht schon die Flatterbinse (*Juncus effusus*) freiwillig eingestellt oder du kennst jemanden, der eine Binse besitzt, sie lässt sich leicht mit dem Spaten teilen. Wie ein übergroßer Schnittlauch mit braunen Blüten wirkt die horstig wachsende Staude, allerdings blüht sie nicht am Ende der Stängel. Keine Binsenweisheit ist es, dass die Blätter sich sehr gut verknoten lassen, ohne zu reißen oder wieder auseinanderzufallen. Die Blätter haben keine Internodien wie bei anderen Gräsern üblich, das macht das Binden einfach. Das obere Drittel wird entfernt, es reißt leicht. Dann lassen sich damit dünnere Gehölzstämme an den Stützpfahl anbinden oder zum Umfallen neigende Staudenstängel an einen Bambusstab.

## Einblatt

*Spathiphyllum* spec.

Die Blütenstiele dieser Zimmerpflanze sind stabil und im Inneren faserig. Zur Fasergewinnung schneidet man die verwelkende Blüte über dem nächsten Blatt ab und belässt den Stiel an der Pflanze, bis das Innere braun und trocken ist. Dann schneidet man den Stiel an der Basis ab und zerfasert ihn. Die Schnüre sind nicht sehr lang, aber reißfest und biegsam, sie lassen sich leicht verknoten. Ich binde damit die Orchideenblüten an ihren Stützstab. Mit den Blattstielen des Einblatts habe ich dieses Kunststück noch nicht hinbekommen.

## Wilder Wein

*Parthenocissus* spec.

Wilder Wein klettert, kaschiert unschöne Wände und trägt im Herbst blaue Beeren für Vögel. Dieser Rank-Turbo macht aber auch vor den Gehölzen nicht Halt und wickelt sie geschickt ein. Man muss also öfter schauen, ob man ihn zu fassen bekommt und abschneiden, bevor man im Garten knietief in Weinranken versinkt. Besonders im Winter laden die erbeuteten Triebe dazu ein, Kränze zu binden. Dazu ein festes Exemplar zu einem Kreis legen, die Enden mehrfach in die Rundung winden und nun weitere Triebe einflechten. Zum Flechten und Anbinden von Stauden und Kletterpflanzen eignen sich nur die Zweige mit brauner Rinde, sie können leicht verknotet werden und halten lange. Noch grüne Triebe reißen dagegen.

#machsnachhaltig

# STAUDENSTÜTZEN UND RANKHILFEN

Kletterpflanzen wie Wald-Geißblatt, Hopfen und Clematis können nicht auf eigenen Füßen stehen und brauchen ein Gerüst, sonst schnappen sie sich einfach ihre Nachbarpflanzen, um einen Weg nach oben zu finden. Die leichten Ranken der Wicken sind auch mit einem Tipi aus Ästen zufrieden, das man zur Not im Frühjahr einfach erneuert, wenn es windschief geworden ist. Kletterpflanzen mit verholzten Trieben wie das Wald-Geißblatt brauchen dagegen einen stabilen Partner fürs Leben. Auch auseinanderfallende Stauden kommen mit ein bisschen Stütze wieder in die Senkrechte. Der Klassiker aus dem Gartencenter ist die grüne Staudenstütze mit Metallkern, die in den Boden gesteckt wird. Diese günstigen Haltebögen gibt es mit verschiedenen Beinlängen. Leider geht mit der Zeit die grüne Kunststoffummantelung ab und Rost tritt an ihre Stelle. Dann nimm lieber gleich Staudenstützen aus Eisen, die wenigstens dekorativen Rost ansetzen und ohne Plastik auskommen.

### Starke Stützen selbst gemacht

- Mit Stangen aus Bewehrungseisen und Metallringen lassen sich Metallstützen auch selbst bauen. Mit dem Schweißgerät zusammengefügt hält die Konstruktion besonders lang, aber auch mit Draht umwickelt kann man sie zusammenhalten.
- Eine zeltartige Stütze, etwa für Himbeeren, ist fix gebaut: Zwei Stangen werden schräg in den Boden gesteckt, sodass sie sich oben ein wenig überkreuzen, und mit Schnur oder Draht fixiert. Dies macht man zweimal und legt eine Querstange oben auf die Fixpunkte. Das geht genauso mit Bambusstangen oder Haselzweigen.
- Mit Weidenzweigen, die besonders flexibel sind, lassen sich auch kuppelförmige Stützen bauen. Dazu biegt man die gut eingeweichten Zweige zu einem Bogen, der mit beiden Enden in den Boden gesteckt wird.

*Gegen Rost kann das Bewehrungseisen noch lackiert werden. Bei dieser Rankhilfe für Duft-Wicken werden die Stangen oben mit Draht zusammengehalten.*

*Upcycling: Die in Würde gealterte Hacke hat jetzt eine tragende Rolle.*

Dann biegt man weitere Äste über Kreuz darüber, bis man eine Halbkugel geformt hat. Auch hier werden die Kreuzungspunkte zusammengebunden.

- Ganz einfach und auch mit starren Ästen zu bewerkstelligen ist ein Rondell aus Zweigen, das mit Schnur in verschiedenen Höhen umrundet wird.
- Kleine Zäunchen für anlehnungsbedürftige Stauden lassen sich schnell aus zwei senkrechten Ästen und einer Querstrebe aus verwickelten Geißblatttrieben bauen. Da die Pflanze ihre Triebe selbst umeinander windet, klappt das sogar ohne Draht, indem man die Windungen ein wenig lockert und über die senkrechten Zweige fädelt.
- Eine größere Rankhilfe in Rostoptik stellt man aus einer zu einem Halbrund gebogenen Matte aus Bewehrungseisen her. Dazu die unterste Querstrebe komplett abzwacken, um das Gitter tief genug im Boden zu verankern. Genauso gut kann man die Matte aufrecht zwischen zwei Holzbalken befestigen. Das Gitter bekommt man günstig über Kleinanzeigen oder im Baumarkt.
- Vielleicht hast du auch noch eine alte Leiter übrig, die angelehnt an einen stabilen Baum zur Karriereleiter für eine Ramblerrose oder eine Clematis werden kann. Für zartere Pflänzchen lässt sich eine Leiter auch selbst bauen; alles, was man dazu braucht, sind zwei gleich lange Äste und viele Zweige als Querstreben, die mit Draht festgebunden werden.

Auf den folgenden Seiten werden nützliche Pflanzen vorgestellt, aus denen sich Rankhilfen und Stützen bauen lassen.

# STÜTZENDE PFLANZEN

## Bambus

*Fargesia spec.*

Bambus bietet ganz ohne Formschnitt die besten Staudenstützen, die man im Garten anbauen kann. Noch dazu ist er immergrün und wächst rasant und kerzengerade in die Höhe. Der Nachteil ist, dass er für die heimischen Tiere nichts bietet, wenn er nicht gerade für die Niströhren im Bienenhotel verwendet wird. Außerdem muss man eine zahme Art pflanzen, die keine Ausläufer treibt. Der Plural von Bambus ist daher völlig zu Recht *nicht* Bambi, sondern Bambusse – denn mit einem zarten Reh hat er nun wirklich nichts gemeinsam. Ausläufer treibende Arten machen eine Rhizomsperre nötig. Dieses Alcatraz für Pflanzen besteht aus hochfestem Polyethylen, daher sind horstig wachsende Pflanzen die bessere und umweltfreundlichere Alternative. Die Gattung *Fargesia* ist so ein sorgenfreier Bambus. Extravagante Sorten mit besonderen Halmfarben sind vergleichsweise kostspielig, gängige Sorten sind günstiger.

**So wird er verwendet** Die Halme werden am Boden gekappt. Da die Pflanze immergrün ist, müssen die Blätter gegen die Wuchsrichtung abgestreift werden, dazu am besten Handschuhe tragen. Es besteht keine Gefahr, dass die Triebe wieder anwurzeln, wenn sie in die Erde gesteckt werden. Als Stütze einfach zwei Halme über Kreuz neben die umfallgefährdete Staude stecken. Für das Bienenhotel werden die Halme hinter jedem Internodium (das sind die Verdickungen im Stängel) durchtrennt und waagerecht gebündelt, dann mit der offenen Seite nach vorn regengeschützt aufgehängt.

### ZAHLEN & FAKTEN

- je nach Sorte 1–7 m hoch
- grüne, braune oder schwarze Halme, an denen immergrüne Blätter wachsen
- für Halbschatten oder Schatten
- mag luftfeuchte Standorte mit viel Humus, etwa am Teichrand
- mindestens bis -25 °C winterhart

Gehölz wird von Schmetterlingen zur Eiablage genutzt, die schwarzen Beeren von Vögeln gefressen. Beim Tatarischen Hartriegel leuchtet die Sorte 'Sibirica' besonders intensiv rot, die Auslese 'Kesselringii' hat dagegen eine schwarze Rinde. Die Zweige beider Arten bewurzeln im Spätwinter in der Vase leicht – schau einfach im Stadtpark nach den Ästen mit der roten Rinde, wenn nach dem Strauchschnitt die Asthaufen herumliegen – so kannst du dir den Plastiktopf auch sparen.

**So wird er verwendet** Die Triebe werden im unbelaubten Zustand direkt über dem Boden abgeschnitten. In einem Flechtzaun, dessen senkrechte Stäbe aus dickeren Haselzweigen bestehen, ergeben sie ein buntes Bild. Für einen Meisenknödelhalter einfach vier kurze Abschnitte oben und unten zusammenbinden, auseinanderziehen und den Knödel zwischen die Äste klemmen.

## Blutroter und Tatarischer Hartriegel

*Cornus sanguinea, Cornus alba*

Möchtest du Flechtzäune bauen, die gerade im Winter mit warmen Farben ein Highlight im Garten sind? Dann sind die Hartriegel genau richtig. Die Sträucher haben selbst schon genug Feuer und sind echte Hingucker im winterlichen Garten, ihre Zweige halten die Farben gut und ergeben bunte Staudenstützen, Meisenknödelhalter oder Flechtwerk. Wenn du nur Platz für einen Strauch hast, greif zu kleinbleibenden Sorten vom Blutroten Hartriegel wie 'Winter Beauty' und 'Midwinter Fire' in Rot oder 'Anny's Winter Orange'. Das heimische

### ZAHLEN & FAKTEN

- Höhe und Breite 2,5–3 m, schnittverträglich
- weiße Blüten im Juni
- Rinde in vielen Farben, je nach Sorte
- mag Sonne bis Schatten
- liebt einen kalkhaltigen, nährstoffreichen Boden, der auch feucht sein darf

## Gewöhnliche Hasel

*Corylus avellana*

Haselnüsse sind wie ein guter Wein: Sie werden mit den Jahrzehnten immer schöner und bilden im reifen Alter knorrige, dicke Äste aus. Wenn du genug Platz hast, lass für die Eichhörnchen ruhig einen Strauch in Würde altern. Zum Ernten von Staudenstützen und Bohnenstangen sind junge Gehölze allerdings besser, da ihre Zweige noch dünn und gerade sind. Wird der Strauch immer wieder ausgelichtet, verharrt er gewissermaßen im Stadium der ewigen Jugend, und es wachsen ständig neue Äste an der Basis nach. Trotz dieser Behandlung blühen die älteren Triebe; das Laub ist in jedem Fall bei Schmetterlingsraupen willkommen.

**So wird sie verwendet** Zum Gewinnen von schnurgeraden Ästen werden der Haselnuss Zweige entnommen, indem man sie knapp über dem Boden abschneidet. Junge Äste sind noch so dünn, dass dazu eine Astschere reicht, ohne gleich die Kettensäge schwingen zu müssen. Wendet man dagegen den Hausmeisterschnitt an und kappt nur den oberen Anteil der Zweige, verzweigen sie sich mit vielen Astquirlen, was sie als Rankhilfen weniger brauchbar macht. Die an der Basis abgeschnittenen Äste eignen sich zum Errichten von Bohnen-Rankgerüsten, aber auch zum Anbinden einzelner Stauden oder für Flechtzäune, die lange halten. Dünnere Äste sind gute Rankhilfen für Erbsen und einjährige Wicken. Die Zweige der Korkenzieher-Hasel ergeben keine geraden Stäbe, sondern liefern eher die psychedelische Variante.

### ZAHLEN & FAKTEN

- die Wildform wird 5–6 m hoch und 3–5 m breit
- blüht im März oder April mit männlichen Kätzchenblüten und winzigen roten weiblichen Blüten
- für Sonne oder Halbschatten
- langlebig und robust, keine Ansprüche an den Boden

## Weide

*Salix* spec.

Weidenäste sind der Klassiker zum Flechten, sie sind so flexibel, dass man mit ihnen Sichtschutzzäune, Staudenstützkorsette, niedrige Flechtzäune, Körbe, lebende Zäune und Rankobelisken bauen kann. Am besten eignen sich dafür die Korb- und Purpur-Weide (*Salix viminalis, S. purpurea*) sowie die Silber-Weide (*S. alba*). Da die Pflanzen nicht nur biegsame Äste haben, sondern auch nach dem Schnitt wieder fröhlich neue produzieren, kannst du im kleinen Garten zwei Fliegen mit einer Klappe schlagen: Einerseits bleibt der Strauch durch die Ernte der Zweige klein, andererseits hast du stets genug Flechtmaterial zur Hand. Viele Gartentiere freuen sich außerdem über eine zur Kopfform geschnittene Weide. Schmetterlingsraupen fressen am Laub, im Holz selbst lebt die riesige Raupe des Weidenbohrers und viele Käferlarven. Die Blüte ist eine begehrte Bienennahrung. Hast du wirklich keinen Platz für eine Weide, kannst du dich als freiwilliger Helfer zum Schnitt von Kopfweiden in Naturschutzgebieten melden, dann darfst du die Äste bestimmt als Dankeschön behalten.

**So wird sie verwendet** Weidenäste werden im laublosen Zustand im Spätwinter geerntet. Damit sie biegsam bleiben, stellt man sie sofort in einen Eimer mit Wasser. Ist der Schnitt schon länger her und die Triebe saft- und kraftlos geworden, verhilft ihnen ein 24-Stunden-Wasserbad wieder zu alter Form. Frische Triebe bewurzeln leicht, wenn sie in den Boden gesteckt werden. So kannst du eine neue Weide heranziehen, einen lebenden Zaun oder ein Weidentipi bauen.

### ZAHLEN & FAKTEN

- eine Kopfweide wird je nach Stammhöhe (1,50–2 m) 3–5 m hoch
- frühe Blüte ab März
- für Sonne oder Halbschatten
- Weiden mögen einen frischen, humosen Boden

#machsnachhaltig

# REVIER MARKIEREN: BEET-BEGRENZUNGEN

Wenn es unter meinen Füßen knackt und knirscht, als würde ich auf rohen Eiern laufen, dann weiß ich, dass ich mal wieder auf eine meiner Jugendsünden gestoßen bin, der Beetbegrenzung aus Plastik. Sie schien so unermesslich praktisch: Dünn, flexibel und vermeintlich unzerstörbar war sie dazu da, den Rasen daran zu hindern, in die rund geformten Beete einzumarschieren. Ihre grüne Farbe sollte sie quasi unsichtbar machen im Garten, doch eigentlich passt der Grünton zu nichts außer zu sich selbst. Man kann das Prachtstück tief einbuddeln, sodass es nicht mehr zu sehen ist, dann wächst der Rasen aber auch mit Leichtigkeit darüber. Oder man lässt es weit aus der Erde herausschauen, allerdings ragt dann dieser grüne Schandfleck aus Kunststoff vor den Stauden auf. Kommt der Kunststoff in die Jahre, bricht er sofort, sobald man ihn schief anguckt. Das muss doch eleganter gehen und vor allem ohne Plastik!

Glänzend, rostfrei und eine Investition für viele Jahrzehnte sind Beetbegrenzungen aus verzinktem oder Edelstahl. Dezenter mit Rostpatina ist die Variante aus Cortenstahl. Dicke Metallbänder eignen sich eher für gerade Linien. Dünnere Beetkanten aus Metall mit praktischen Steckfüßen lassen sich leichter biegen. Rasenkantensteine, meist aus Betonstein, sind flexibel und legen sich je nach Größe mehr oder weniger schwungvoll in die Kurve. Für die Pflanzen ist diese niedrige Schwelle keine große Hürde – lässt man die Steine ein paar Jahre unbeaufsichtigt, wird man sie kaum noch wiederfinden; regelmäßiges Freischneiden und -kratzen ist daher Pflicht.

*Ziegelsteine harmonieren mit ihrer warmen Farbe gut zu mediterranen Beeten.*

*Cortenstahl ist relativ teuer, hält aber auch sehr lange.*

### Upcycling-Ideen

- Schräg und überlappend aufeinandergelegte Ziegelsteine nehmen mit ihrem zackigen Rand kleine, trockenheitsverträgliche Pflanzen wie Dachwurzen auf.
- Alte Dachziegel oder Schieferplatten bilden aufrecht nebeneinander in die Erde gesteckt einen beliebig hohen Rand, der sogar kleine Stauden stützen kann.
- Mit dem Boden nach oben eingegrabene Weinflaschen können genauso als Begrenzung dienen. Für diese glänzende Grenze muss man je nach Größe des Beetes geduldig Altglas sammeln und die Etiketten vorher sauber ablösen.
- Ein Paradies für Pilze und Insekten sind Holzstämme, die sowieso immer mal wieder im Garten anfallen. Entweder legt man sie waagerecht um das Beet herum oder setzt sie als Minizaun senkrecht dicht nebeneinander ein. Haben die Stücke alle denselben Umfang, wirkt es harmonischer. Bei der Länge kannst du deiner Fantasie freien Lauf lassen, zum Beispiel alle senkrechten Hölzer auf gleicher Höhe oder in Wellenbewegungen.

FÜR DIESE BEETEINFASSUNG AUS ALTEN WEINFLASCHEN MUSS MAN LANGE SAMMELN – ODER FREUNDE UM ALTGLAS BITTEN.

*Halbierte und entrindete Holzstämme bilden hier den Rahmen für ein rechteckiges Beet.*

## Flechtzäune

Grenzen setzen und gleichzeitig im Garten abgeschnittene Zweige verwerten lässt sich mit einem niedrigen Flechtzäunchen. Das ist ganz einfach und sogar eine Kreisform gelingt leicht. Zunächst steckt man Äste der gleichen Länge und im selben Abstand zueinander in den Boden. Soll es ein Kreis werden, bindet man eine Schnur an einen Zweig, den man ins Zentrum des Beetes steckt. Nun kann man mit der Schnur eine perfekte Rundung abzirkeln. Wenn das Gerüst steht, kann geflochten werden. Am besten sind frische Weiden- oder Haseläste. Aber auch Hartriegel funktioniert prima; mit seiner rötlichen Rinde lassen sich bunte Zäune gestalten. Das Ende eines Zweiges wird hinter einen senkrechten Stab gesteckt, beim nächsten geht es auf der anderen Seite entlang, also immer abwechselnd vorn und hinten an den Gerüstzweigen vorbei, wie beim Weben. Der nächste Zweig wird genau andersherum geflochten als sein Vorgänger. Zwischendurch die Lagen immer wieder gut nach unten zusammendrücken.

## Holzhäcksel als Hürde nutzen

Möchtest du dir das Jäten einfacher machen, verpass dem Rasen zusätzlich eine Art trockenen Wassergraben. Dazu schachtest du mit dem Spaten eine Rinne am Beet entlang aus und füllst sie randvoll mit Holzhäckseln, die beim Strauchschnitt angefallen sind. Wachsen die Rasengräser oder Wildkräuter wie der Gundermann in den Mulchgraben hinein, lassen sie sich ganz leicht aus der lockeren Schicht entfernen. Außerdem schluckt dieser Graben einen Teil der hölzernen Gartenabfälle.
Manche seltenen Käfer und andere Insekten lieben diese hölzerne Füllung und nutzen sie als Kinderstube. Den Wühltrieb der Amseln, die hier gern nach Regenwürmern suchen und die Holzstücke dabei heraussortieren, muss man entweder stoisch hinnehmen oder zum Rasen hin eine Metallkante als Hürde verlegen. Der Mulchgraben lässt sich mit allen aufrechten Beetbegrenzungen kombinieren, wie auf dem Bild oben, kann aber auch für sich allein stehen. Die Stauden im Beet haben dann ein bisschen Abstand zum Rasen und werden nicht gleich abgemäht.

#machsnachhaltig

# GRENZEN SETZEN: ZÄUNE

In einem ländlichen Garten halten Zäune die Rehe draußen, die besonders gerne Rosenblüten verspeisen. Im Stadtgarten wäre man ja froh, wenn es nur neugierige Rehaugen wären, die über die Grenze gucken. Wir möchten uns lieber einigeln, ohne von den Nachbarn beobachtet zu werden. Außerdem ist es immer gut zu wissen, wo der eigene Garten aufhört, damit man nicht aus Versehen die Lieblingsstaude beim Nachbarn pflanzt.

Zäune sind schnell errichtet und nicht so endgültig und erdrückend wie eine Mauer. Heute dient meist ein Maschendrahtzaun als Grenzschutz. Der ist nicht nur kunststoffummantelt, sondern auch nicht besonders hübsch. Blickdicht ist er schon mal gar nicht. Hat man bereits so ein grünes Gitternetz im Garten, kann man ihm einen Mantel aus Heidekrautmatten anziehen oder es mit Efeu noch grüner machen. Dazu werden Efeutriebe immer wieder waagerecht durch die Maschen geflochten. So wird der Maschendrahtzaun ansehnlich und undurchsichtig. Das ist die schmalste Hecke der Welt.

Apropos Hecke: Bei viel Platz kann man gut auf einen Zaun verzichten und lieber Liguster, Hainbuche oder Eibe setzen, die sich zu einer dichten, schmalen Hecke schneiden lassen, die auch im Winter vor Blicken schützt. Bei noch mehr Platz ist eine freiwachsende Hecke schön. Sie muss nicht streng in Form geschnitten werden, sondern darf es ruhig ein bisschen wilder treiben. Hecken brauchen zwar länger, bis sie die anvisierte Höhe und Privatsphäre erreichen, aber dafür sind sie langlebiger und preiswerter als Zäune – denn einen Maschendrahtzaun kann man schließlich nicht aus Stecklingen vermehren.

Soll es doch ein Zaun sein, gibt es mehrere plastiklose Varianten, zum Beispiel Schmiedeeisen. Locker und leicht mit Bauerngartenflair kommt der Staketenzaun daher, den man aufgerollt kaufen kann. Er wird aus Kastanienholz und Draht gefer-

*Der Flechtzaun aus Haselruten passt perfekt in den Bauerngarten.*

*Das Metallgitter lässt Licht in den Garten und hat viele Löcher, um Schnüre zum Pflanzenanbinden hindurchzuziehen.*

tigt und hält sehr lange, da er an Stützstäben befestigt wird und selbst keinen Bodenkontakt hat.

## Äste-Verwertung ohne Häcksler

Fällt im Garten regelmäßig viel Schnittgut aus langen, geraden Ästen an, stehen zwei Zäune zur Wahl. Der eine ist der Messie unter den müllschluckenden Zäunen und braucht etwas Platz, ist aber dafür auch mit zwei linken Händen machbar: Der Totholzzaun, auch Benjes-Hecke genannt, wird aus Schnittgut gebaut. Dafür schlägt man erst eine Doppelreihe dicke Holzpfähle in den Boden und legt die losen Äste dann einfach quer dazwischen. Zaunkönige, Pilze, Wiesel und totholzbewohnende Insekten lieben diesen Freigeist unter den Zäunen. Irgendwann verrottet die untere Schicht, sodass man oben immer wieder neues Schnittgut nachlegen kann. Wie wäre es zum Beispiel mit einem halbrunden Totholzzaun, der thematisch passend den Kompostierplatz abschirmt?

Viel ordentlicher und platzsparender ist ein selbst gebauter Flechtzaun aus Weiden-, Hasel- oder Hartriegelästen. Ihn muss man öfter erneuern und braucht schon etwas Fingerfertigkeit, damit er stabil wird. Er wird wie auf Seite 94 als Beetbegrenzung beschrieben gebaut; bei dieser Variante fällt er jedoch deutlich höher aus. Es gibt auch fertige Flechtzäune zu kaufen, die sich besonders als Terrassensichtschutz eignen.

Auch berankte Baustahlgitter, alte Geländer und Schwingtore aus Metall sind hübsche Zäune, die ruhig Rost und Patina ansetzen dürfen. Individueller als ein makelloser Maschendrahtzaun sind sie allemal.

#machsnachhaltig

# SCHNELL BEGRÜNT: LEBENDER ZAUN

Ein Zaun, der sich selbst begrünt, kostenlos ist, sich in Eigenregie verjüngt und von Holzschutzmitteln nichts wissen will? Was nach einem Wunder klingt, ist das Spezialgebiet von Weidenästen (Seite 91). So ein lebender Zaun hat viele Vorteile. Da er sich selbst im Boden verwurzelt, wirft ihn so schnell nichts um. Er zieht viele Insekten an, die wiederum Vögel begeistern. Außerdem ist er einfach selbst zu bauen und wächst schnell zu einer blickdichten grünen Wand zusammen, denn Weiden sind bekannt für ihren unbändigen Lebenswillen. Da Weiden im Herbst ihr Laub abwerfen, lässt der Zaun im Frühjahr noch genug Licht auf die Schattenseite, um Waldstauden und Frühlingsblumen einsetzen zu können. Das Weidenlaub verrottet rasch.

## Die Vorbereitung

Am besten gedeiht der grüne Zaun auf frischen, lehmigen Böden. Man braucht dafür lange Weidenäste, die man zum Beispiel bei Pflegemaßnahmen an Kopfweiden kostenlos bekommen kann. Die beste Jahreszeit für die Ernte ist das zeitige Frühjahr, wenn die Bäume noch laublos sind. Vielleicht findest du einen Garten- und Landschaftsbauer, der regelmäßig mit Weidenästen arbeitet, etwa bei der Anlage von Spielplätzen, und dir Weidenruten besorgen kann. Auch online kann man sie bestellen. Benötigt werden je nach Dichte des Zauns zehn bis 16 Ruten pro Meter. Die Äste sollten möglichst gerade sein ohne Seitenäste, etwa 1,50 m lang und frisch. Wenn der Zaunbau sich verzögert, werden sie in einen Eimer Wasser gestellt, um sie bei Laune zu halten.

Um den Zaun zu stabilisieren, werden am Anfang und am Ende jeweils ein Holzpfahl möglichst tief in den Boden gesteckt, an dem die Weidenkonstruktion festgebunden werden kann, damit sie keine Startschwierigkeiten hat. Bei sehr langen Zäunen empfiehlt sich auch zwischendrin immer mal wieder ein stabiler Haltepfahl.

*Auch Spalierobst ist ein grüner Zaun, von dem man sogar ernten kann.*

## Steckspiele mit Weidenästen

Nun sticht man mit dem Spaten eine möglichst gerade Linie in den Boden, damit die Weidenruten gepflanzt werden können. Eine knapp über Erdniveau gespannte Schnur hilft dabei, dass die Pflanzrinne nicht allzu kurvig wird. Ein bisschen Hin- und Herruckeln mit dem Spatenblatt verschafft den Ästen etwas mehr Platz.

Besonders stabil wird der Zaun, wenn die Äste über Kreuz gesetzt werden. Die Ruten sollten so tief sitzen, dass sie von alleine stehen bleiben.

Hat man eine Reihe Äste fertig gepflanzt und das Pflanzloch wieder gut festgetreten, werden die Ruten oben ineinandergeflochten, was den Zaun richtig stabil werden lässt. Am Ende müssen die Weidenzweige noch alle auf dieselbe Länge geschnitten und gut gewässert werden.

Weiden bilden rasch Wurzeln und schon bald sprießen die ersten Knospen. Manchmal weigern sich einzelne Ruten, anzuwachsen. Das ist aber nicht weiter schlimm, die Nachbarzweige springen schnell in die Bresche, sodass die Lücke später nicht mehr auffällt. Ist der Frühling besonders trocken, solltest du dem Zaun im ersten Jahr immer mal wieder großzügig Wasser spendieren.

Keine Sorge, wenn an den Trieben Blattläuse auftauchen. Marienkäfer kommen schnell zu Hilfe, und auch sonst lässt sich eine waschechte Weide nicht so leicht unterkriegen. Zur weiteren Pflege schneidet man den Zaun regelmäßig in Form und begrenzt ihn in der Höhe. Wenn die Flechtform das ganze Jahr über betont werden soll, entfernt man alle unteren, neu gewachsenen Seitenäste und lässt nur oben den frischen Austrieb stehen. So ist der Zaun in der Höhe variabel.

Übrigens funktioniert diese luftige Variante auch mit sommergrünen Heckenpflanzen wie Hainbuche, bei denen man alle Seitenäste kappt, sie wie die Weidenäste über Kreuz pflanzt und die oberen Enden ineinanderwebt.

# WAS MAN SONST NOCH BRAUCHT

Wie bekommt man die Pflanzen in die Erde? Worauf ruht man sich nach getaner Arbeit aus? Und geht das möglichst ohne Plastik und bitteschön mit Gartengeräten fürs Leben? Mit der Werkzeugtasche aus einer alten Jeans transportieren wir schließlich unsere plastikfreien Geräte durch den Garten – und zum Abschluss waschen wir uns die Hände mit selbst gemachter pflanzlicher Seife.

# FÜRS GROBE: GARTENWERKZEUG

Ich bin ja bekennende Schnäppchenjägerin, aber nicht um jeden Preis, denn nach einem alten Sprichwort kauft der Geizige bekanntlich zweimal. Ich habe es schon auf unrühmliche dreimal gebracht – bei meiner Gartenschere. Im Garten kommt man an so einer kleinen Kneifzange nicht vorbei, immer mal muss Verblühtes abgeknipst werden oder ein widerspenstiger Ast. Aber Schere ist Schere, oder etwa nicht? So zumindest dachte ich, als ich kurz hintereinander erst eine knallrote und unglaublich billige Gartenschere aus mehrheitlich Kunststoff erwarb, und schließlich eine zweite in derselben Farbe. Die erste war nämlich bald stumpf. Die zweite Kandidatin verlor die Contenance, indem sie sich ihres Schließmechanismus entledigte – dieser kleinen, nützlichen Vorrichtung, die verhindert, dass die Schere bösartig und mit gefletschten Zähnen in der Jackentasche aufklappt. Nach diesen Fehlgriffen hatte ich es endlich begriffen: Gut abschneiden kann man nicht mit einer Gartenschere, die weniger kostet als die meisten Staudentöpfe. Eine gute hält ein ganzes Gärtnerleben lang, da sie hauptsächlich aus Metall besteht und man alle Teile einzeln nachkaufen kann.

## Gut abschneiden

Zum gezielten Abschneiden von gammeligen Rosenblüten oder einzelnen Ästen ist eine Rosenschere prima. Im Frühjahr, wenn die Beete von Altlasten befreit werden, darf es ruhig etwas ruppiger zugehen. Dann greife ich gern zur Staudensichel, sie ist ganz aus Holz und Metall. Man kann die alten Pflanzenstängel einfach beim Schopfe packen und – Augen zu und durch – mit diesem Säbelzahntiger unter den Messern unten alles auf einmal absäbeln. Es ist zwar etwas mühsam, die gebogene Klinge nachzuschärfen, aber auch das geht bei der Sichel, so bleibt sie für viele Jahre ein zuverlässiger Freund.
Der Heckenschnitt geht mit einer bissigen japanischen Schere gut von der Hand. Auch diese Luxusgeschöpfe bestehen aus Holz und Metall und sind so schön, dass man sie sich nach getaner Arbeit am liebsten an die Wand hängen möchte. Für sie sollte allerdings ein Maulkorbzwang bestehen, so scharf sind sie.

## Andere wichtige Helferlein

Auch Spaten, Schaufeln, Astscheren, Mistforken und Harken gibt es ganz ohne Kunststoff. Bei guter Pflege und vor allem gründlicher Reinigung werden sie sehr alt. Vermeide aber Stecksysteme,

WENN DER REISSTROHBESEN KAHL WIRD, ENTSTEHT HÖCHSTENS HUMUS, ABER KEIN PLASTIKMÜLL.

MEIN TRIO FÜR DEN STAUDENSCHNITT IM FRÜHJAHR: JAPANSCHERE (SIE SCHNEIDET AUCH HECKEN PRIMA), SICHEL UND ROSENSCHERE.

bei denen man mehrere Werkzeuge auf denselben Stiel montieren kann, denn die Verbindungen bestehen aus Kunststoff.

Wenn du Frühlingsblüher magst, lohnt es auch, nach einem guten Blumenzwiebelpflanzer aus Edelstahl und Holz Ausschau zu halten. Bei einem Besen, der richtig Tabula rasa macht, wird es schon schwieriger. Die mit den roten, dicken Kunststoffborsten sind sehr gründlich, verlieren aber dummerweise überall Plastikfetzen, die man trotz der zum Grün gut kontrastierenden Farbe wie die Nadel im Heuhaufen nicht wiederfindet. Eine Alternative sind ein bisschen mehr Gelassenheit und ein Strohbesen. Wenn der seine blonden Borsten verliert, entsteht nur mehr Humus. Fürs Grobe, wie eine arg besudelte Terrasse, eignen sich Wurzelbürsten und Schrubber mit Naturborsten.

Was man im insektenfreundlichen Naturgarten gar nicht braucht, sind Spritzmittelflaschen und Düngewagen. Und bei den großen Plastikmonstern, wie Häckslern und Rasenmähern, kann man nicht mehr tun, als auf Qualität zu achten, damit es dir nicht so geht wie mir mit meinen zahlreichen Gartenscheren-Fehlkäufen.

# WAS ZIEHE ICH AN: GARTENKLEIDUNG

Ein Großteil des Mikroplastiks, das in den Gewässern landet, kommt aus der Waschmaschine, also aus der Kleidung. Nicht nur bei den Gartenklamotten ist es also besser, etwas aus Naturfasern anzuziehen. Wer im Garten mit kratzbürstigen Rosen und anderen handgreiflichen Gehölzen zu tun hat, weiß, dass man sich am besten mit einem Kettenhemd bewaffnet, auf jeden Fall aber mit alten Klamotten, mit denen man sich sowieso nicht mehr unter Leute traut. Leder schützt besonders gut vor den Stacheln, daher gibt es daraus Handschuhe mit langen Stulpen, die auch noch die Unterarme vor Kratzern bewahren. Bei den restlichen Gartenarbeiten schützen dünne Handschuhe vor Verletzungen, je dünner, desto mehr Fingerspitzengefühl hat man damit. Die Gewissensfrage ist hier: Nimmt man welche aus Kunststoffgewebe oder welche aus Baumwolle mit einem Überzug aus Naturkautschuk? Der Anbau dieses Naturprodukts ist nicht immer umweltfreundlich oder fair zu den Arbeitern. Am Ende sollte den Ausschlag geben, wie lange die Handschuhe halten, wie passgenau und feinfühlig sie sind und wie gut man mit ihnen arbeiten kann: Lässt sich eine Gierschwurzel dicht neben einer Akelei ohne Kollateralschaden herauspuhlen oder hat man alles auf einmal in der Hand?

## *Gut gestiefelt*

Als Schutz vor Zecken und wenn es richtig ans Eingemachte geht, etwa beim Kopfüber-Herumstochern im Kompost, gehören auch Gummistiefel zur Grundausstattung im Garten. Da man mit ihnen selten einen Marathon läuft, halten sie im Idealfall ein Gärtnerleben lang. Dafür müssen sie jedoch hochwertig verarbeitet sein. Robuste Markenstiefel, die mit allen Wassern gewaschen sind, bestehen zum Beispiel aus PVC-freiem Naturgummi. Sie sind aber von Natur aus lichtscheu: Damit sie lange durchhalten, dürfen sie nach getaner Arbeit nicht in der prallen Sonne stehen, sondern werden gereinigt und im Dunkeln gelagert.

## *Zum Niederknien*

Regenjacken für den Garten zum Werkeln bei jedem Wetter, die auch mal einen Rosenstachel abwehren, sind nicht zwangsläufig umweltschädlich hergestellt. Es gibt sie auch aus Recyclingmaterial, zum Beispiel aus alten Nylon-Fischernetzen hergestellt. Die Achillesferse beim plastikfreien Gärtnern aber sind Knieschoner, die man braucht, wenn die Schneeglöckchen mal wieder zum Niederknien schön blühen oder wenn man in den Beeten wirklich nah ran muss. Käufliche Schoner zum Umschnallen sind aus Kunststoff, da sie wasserdicht und abwaschbar sein sollen. Vielleicht hast

HIER BAUMELN VON LINKS NACH RECHTS: EIN HANDSCHUH AUS KUNSTSTOFF, EIN EXEMPLAR AUS BAUMWOLLE MIT KAUTSCHUK UND EIN ROSENHANDSCHUH AUS LEDER.

SELBST GENÄHTES KNIEKISSEN AUS STOFF FÜR TROCKENE UNTERGRÜNDE WIE MULCH- ODER STEINWEGE. AUSGESTOPFT MIT STOFFRESTEN IST ES WASCHBAR.

du noch Knieschoner vom Inlineskaten herumliegen, die du nicht mehr brauchst?
Selber machen kann man sie aus einer ausrangierten Isomatte oder aus mit Stoffresten gefüttertem Wachstuch. Arbeitshosen sind oft mit Einschüben an den Knien versehen, um dort Polster einzulegen. So hat man sich wenigstens das Material für die Befestigungsriemen und -schnallen gespart, und es ist viel leichter, das Polster aus alten Materialien selber herzustellen. Ich muss allerdings sagen, dass ich alles ohne Knieschoner erledige und am liebsten in der Hocke arbeite. Wenn ich den Schneeglöckchen unter den Rock fotografieren möchte, geht das auf dem Rasen auch kurze Zeit ohne Polster – in der alten Lieblingsjeans, die sich trotz Löchern auch noch mal mit den Rosen anlegen darf.

#machsnachhaltig

# Upcycling: Garten-Werkzeugtasche

Jede Jeans hat eine Problemzone, wenn man viel Fahrrad fährt: Irgendwann bekommt sie am Hosenboden ein oder mehrere Löcher, die man nur schwer flicken kann. Entweder man trägt fortan nur noch sehr lange Strickjacken bis in die Kniekehlen oder man nutzt das marode Kleidungsstück wenigstens noch im Garten als Arbeitshose. Allerdings hält das auch nicht ewig – früher oder später reißt der Stoff an den Oberschenkeln ein – und so bleibt am Ende nur noch das Ausschlachten. Die Hosenbeine ergeben prima Hussen für angeknackste oder altbackene Übertöpfe und verpassen der Wohnzimmerfensterbank einen hübschen Jeanslook.

Das obere Teil funktionieren wir um zu einem Werkzeuggürtel für den Garten, der zum Beispiel die Gartenschere trägt. Praktisch ist, dass uns die Bundweite ja sowieso schon auf den Leib geschneidert ist, man muss den Gürtel also gar nicht anpassen. Da der Jeansstoff in dieser Form geschnitten nur bis zur nächsten Naht ribbelt, ist das Umsäumen nicht so wichtig.

Da mit dieser Methode doch immer mal Fasern haltlos werden und im Garten landen, nimmst du am besten eine Jeans aus 100% Baumwolle. Leider muss man eine solche Hose lange suchen, da es fast nur noch Modelle mit Stretch und einem Anteil Elasthan gibt. Öko-Mode-Labels haben am ehesten eine Jeans nach diesem Reinheitsgebot ohne Kunststofffasern im Angebot.

### *Tipps, damit eine Jeans lange hält*

- **immer auf links waschen**
- **keinen Wäschetrockner verwenden**
- **auf modisch aufgerauten oder angeschnittenen Stoff verzichten**

*Fertig ist die Gartentasche, Schere und Sichel sind immer dabei.*

*Geschnitten wird immer am Bund entlang, so kann der Stoff nicht ribbeln. Die Gürtelschlaufen werden gerettet, indem man sie mit ausschneidet.*

## So geht's:

1. Setze die Schere unterhalb des oberen Bündchens, an dem die Gürtelschlaufen angenäht sind, an. Um die Schlaufen schneidest du einfach herum, wenn du auf sie triffst. So hat man später noch ausreichend viele Schlaufen, um Dinge mit Karabinerhaken daran zu befestigen.
2. Schneide die Gesäßtaschen unbedingt mit aus, je nach Bedarf an Stauraum nur eine oder beide. Wenn du die Schnittkanten rund um die Gesäßtaschen am Schluss noch mit buntem Schrägband umfassen möchtest, lasse etwas Abstand zur Tasche, ansonsten schneide dicht an ihr entlang.
3. Und schon ist der waschbare Werkzeuggürtel fertig, jetzt können Schere, Handschuhe oder Handy bequem durch den Garten getragen werden.

# ENDLICH AUSRUHEN: GARTENMÖBEL

Wer sich schon einmal auf einen Gartenstuhl gestellt und dabei den Durchbruch durch die Sitzfläche geschafft hat, hat nach diesem Schock sicher genug von Holzmöbeln. Ich weiß, wovon ich rede, denn ich habe mich schon unsanft und sehr plötzlich auf dem Boden der Tatsachen wiedergefunden, als ich zu faul war, die Leiter zu holen, und mich stattdessen auf den Klappstuhl gestellt habe. Doch auch Kunststoffmöbel, selbst solche mit dicken Latten in Holzoptik, schützen nicht vor Unfällen dieser Art, obwohl sie gar nicht wissen, was Morsch-Sein überhaupt bedeutet. Egal, welches Material, eine Leiter schützt Leben – das eigene und das des Möbels.

## *Holz ist wasserscheu*

Lebensverlängernd für das Gartenmobiliar ist auch der Winterschlaf an einem trockenen Ort. Eine Haube aus Kunststoff bewirkt nicht dasselbe, denn auch wenn kein Regen von oben an das Holz gelangt, ist es dann trotzdem der Bodenfeuchte ausgesetzt, die durch die Plane nicht mehr verdunsten kann. Wie praktisch, dass wir ja sowieso auf diese Trockenhaube aus Plastik verzichten wollen.
Keller oder Garage sind ideale Aufbewahrungsorte für den Winter. Schön leicht sind dabei Klappmöbel mit Metallgestell und Holzlatten als Sitzfläche, Lehne und Tischplatte. Sie sind nicht nur platzsparend, sondern auch langlebig, da das Holz im Sommer nur mit Regen in Berührung kommt, aber keine Nässe aus dem Boden zieht. Möbel aus Aluminium sind nicht kaputt zu kriegen, doch verbraucht die Herstellung viel Energie und schneidet in der Ökobilanz schlechter ab als Holz, das im Gegensatz zu Metall immer wieder nachwächst.

## *Materialien unter der Lupe*

Wenn du doch lieber zum witterungsbeständigen Kunststoff greifen möchtest, wähle Möbel aus Recyclingmaterial. Doch Vorsicht: Manche Kunststoffoberflächen, die einer Holzstruktur ähneln, nehmen leicht Fett auf und geben es auch nach akribischem Putzen nicht mehr her, der Fettfleck bleibt. Hier ist Holz eindeutig im Vorteil. Teakholz ist dabei die haltbarste Art, kommt allerdings aus den Tropen. Das FSC-Siegel hilft beim Kauf exotischer Hölzer, ist jedoch nicht unumstritten, in jedem Fall aber immer noch besser als gar kein Siegel, denn dann kann das Holz illegal abgebaut worden sein. Eine genauso haltbare Alternative zum Teak ist Robinie, eine nordamerikanische Baumart, die hierzulande verwildert ist. Auch Eiche und Edelkastanie sind robust, aber nicht leicht in Möbelform zu finden. Etwas exotischer wirken Möbel aus Bambus, der einen schnell wachsenden Rohstoff liefert und keinen Pestizideinsatz braucht. Heimi-

sche Kiefer kommt neuerdings unter dem Namen Dauerholz in den Handel, das heißt, dass die Bretter mit Wachs durchtränkt werden und dadurch genauso wetterfest werden wie Tropenholz. Mindestens einmal im Jahr sollten Holzmöbel behandelt werden, am besten mit natürlichen Ölen oder Wachsen.

### Was tun bei Möbel-Malheuren?

Muss ein Möbelstück entsorgt werden, etwa weil die Sitzfläche zerbrochen ist, bringt man es am besten zum Wertstoffhof. Dann wird das Holz mit ein wenig Glück nicht verbrannt, sondern findet sich immerhin noch in Spanplatten wieder. Vielleicht machst du aber auch aus der Not eine Tugend, entfernst den kaputten Teil der Sitzfläche und ersetzt ihn durch Hasendraht zum Bepflanzen mit trockenheitsverträglichen Pflanzen. Die zerbrochenen Planken können noch als Pflanzenstecker dienen – und schon kann man über das Missgeschick lachen.

# FÜR SAMMLER: EIMER UND SÄCKE

Als ich das erste Mal stolz den fertigen Kompost im Garten verteilt habe, wollte ich es auf Biegen und Brechen ohne Plastik schaffen und habe eine große Tonschale als Shuttle-Service zwischen Beeten und Komposter hin- und hergeschleppt. Ich hatte den Muskelkater meines Lebens. Dabei muss man es sich gar nicht so schwer machen. Ein Metalleimer kann die Aufgabe genauso gut wie einer aus Kunststoff bewältigen und ist nicht gravierend schwerer. Und wer schon einmal dachte, mal eben mit einem Plastikeimer 10 l Wasser aus der Regentonne zu wuchten, wird schnell mit einem einreißenden Rand bestraft, dort, wo der Bügel sitzt. Auch UV-Licht und wechselnde Temperaturen setzen ihm zu. Verzinktes Metall dagegen lernt man schnell zu schätzen, da es auch im betagten Alter stabil und wasserdicht bleibt, wenn man so einen Eimer die meiste Zeit über trocken stehen lässt.

## Schöner ernten

Zur Gemüseernte muss man gar nicht so schwere Geschütze auffahren. Praktisch sind flache Weidenkörbe oder die englische Variante aus Birkenholz, Trug Basket genannt. In ihnen liegt das Gemüse dekorativ nebeneinander und bekommt keine Druckstellen. Zur Ernte der Schmuddelkinder unter den Gemüsen, wie Kartoffeln, Topinambur und Zwiebeln, greift man eher zum stabilen Kartoffelkorb aus Metall. Wenn die Erde nicht unkontrolliert herauskrümeln soll, hilft eine Lage Zeitungspapier.

Hat man nur einen einzigen Kompostbehälter, kann es aber doch ganz praktisch sein, einen großen, stabilen Beutel zu haben, in dem man das noch nicht verrottete Material zwischenlagern kann. So suchen die lichtscheuen Kompostwürmer nicht vor Schreck das Weite, während der Komposter geleert wird. Statt eines neuen Gartensacks aus Kunststoffgewebe eignen sich Big Bags, die vorher Schüttgut von Baustoffen oder Futtermittel enthielten. Sie werden in Kleinanzeigen angeboten oder man bekommt sie gebraucht bei Baustoffhändlern. Möchte man auf so einen weißen Riesen, den man nur einmal im Jahr braucht, ganz verzichten, ist die plastikfreie Alternative eine Schubkarre oder ein altes Bettlaken, auf das man den unfertigen Kompost legt und die Ecken oben mit Wäscheklammern zu einem Beutel zusammenrafft.

Müllsäcke für Gartenabfälle gibt es aus Recycling-Kunststoff zu kaufen, idealerweise benötigt man sie jedoch erst gar nicht, wenn man den Strauchschnitt im Garten verwendet, entweder als Totholzzaun (Seite 97) oder gehäckselt als Mulchmaterial.

GLÄNZEND UND GARANTIERT STABIL GENUG ZUM WASSERSCHÖPFEN: DER ZINKEIMER.

EIN KLEINER KAFFEESACK SCHÜTZT EINE WERTVOLLE EINZELBLÜTE VOR FROST. GROßE SCHAFFEN AUCH GANZE PFLANZEN.

### Jutesäcke

Das Laub der meisten Laubbäume verrottet über den Winter rasch und kann auf den Beeten bleiben. Zugegeben, Laubkompost (Seite 77) ist schneller fertig, wenn er in einem Foliensack reift, doch einer aus Jute ist während der langen Wartezeit kein Fremdkörper, sondern sieht sogar aus wie eine gemütliche Kuschelecke. Am Ende verrottet er einfach mit dem Laub zusammen.

Gebrauchte Kaffeesäcke bekommt man in Röstereien, sie können einfach alles und sehen dabei immer gut aus. Sie eignen sich zum Laubsammeln genauso wie zum Anbau von Kartoffeln (Seite 40), auch als luftigen Winterschutz für empfindliche Pflanzen sind sie so dekorativ wie nützlich. Sie ergeben auch einen flexiblen Übertopf für unansehnliche Töpfe.

Hast du eine überdachte Terrasse, kannst du den hübschen Sack mit Strauchhäckseln füllen – fertig ist der rustikale Sitzsack oder ein übergroßes Kissen. All das schafft kein Foliensack, dazu hat er einfach keinen Stil.

# TSCHÜSS UNKRAUTFOLIE!

Wenn der Giersch den Storchschnabel überwuchert oder die Zaunwinden sich den Eisenhut als naheliegende Rankhilfe schnappen, um ihn zu Boden zu ringen auf dem Weg ans Licht, dann ist es schwer, die Fassung zu bewahren. Bei so vielen Feinden im Beet scheint der Griff zur Unkrautfolie die Lösung zu sein. Einfach über das ganze Beet verlegt wie einen Perserteppich, lässt das schwarze Vlies Wasser nach unten durch, aber das Licht eben nicht – das bringt Wurzelunkräuter doch sicher an den Rand der Verzweiflung? Ein paar Schnitte in die Folie und die Stauden können dort hineingepflanzt unbehelligt ihren Geschäften nachgehen. Rindenmulch zwischen den Pflanzen verteilt kaschiert die unschöne schwarze Schicht.

Was so einleuchtend wie einfach klingt, hat doch gravierende Nachteile. Gewiefte Wucherer finden die Einschnitte in der Folie trotzdem und drängeln an den Stauden vorbei ans Licht, was das Jäten mühsam macht. Schnell hat man die Stauden mit ausgerissen oder holt sich blutende Schrammen, wenn man in direkter Nachbarschaft dorniger Äste jäten muss. Mäuse fühlen sich unter der Folie sauwohl und können in Ruhe Schaden anrichten. Gewünschte Pflanzen können auf der Folie keine Wurzeln schlagen und sich weiter ausbreiten, Versamung kann nicht stattfinden. Ist das Beet nicht ganz eben, wäscht Starkregen den Mulch am Ende ab und das Unkrautvlies, hässlich wie die Nacht, tritt doch wieder zutage. Außerdem wird das Material mit der Zeit angegriffen und spröde – Mikroplastik entsteht (Seite 6). Angeblich biologisch abbaubare Folien haben sich in der Praxis doch nicht so schnell in Luft aufgelöst wie versprochen, auch nach mehreren Jahren hatten sie immer noch eine frappierende Ähnlichkeit mit herkömmlicher Kunststofffolie.

## *Unkraut aushungern*

Viel besser ist es daher, ein geplantes Beet zunächst von Wurzelunkräutern akribisch zu befreien und dann ohne Folie zu bepflanzen. Eine dicke Schicht Pappkarton oder ein alter Teppich aus Naturmaterialien kann Giersch und Co. ganz ohne Plastik aushungern, man muss aber warten, bis den unerwünschten Gewächsen die Puste ausgeht. Für Gemüsekulturen, bei denen die Pflanzen nur ein bisschen Vorsprung zur Spontanvegetation brauchen, ist Mulchpapier eine gute Lösung. Es kommt von der Rolle und kann so rasch das ganze Beet abdecken. Das Papier hält nicht ewig, aber wenn die Gemüsepflanzen groß genug sind, darf es ruhig verrotten und hinterlässt dabei keine Plastik- und sonstigen Spuren.

## *Konkurrenzsituationen schaffen*

Im Staudenbeet hat es sich bewährt, von Anfang an möglichst dicht zu pflanzen, dann bekommt das Unkraut keine Wurzel mehr in den Boden und auch kein Licht. Storchschnäbel mit ihren dichten Horsten eignen sich gut, ebenso wie Herbst-Anemonen, Russel-Brandkraut, Stockrosen, Beinwell, Frauenmantel und Woll-Ziest. Im Schatten sind es Elfenblumen, Taubnesseln, Japansegge, Immergrün, Balkan-Storchschnabel und Rauling (*Trachystemon orientalis*). In meinem Garten erweist sich der Bärlauch als so guter Verdränger, dass der Giersch nicht mehr neben ihm existieren kann. Allerdings hinterlässt der liebe Lauch auch unschöne Lücken im Sommer, daher muss man zusätzlich mit schattenverträglichen Stauden wie Wald-Geißbart gegen die Leere anpflanzen.

Überhaupt ist es eine gute Idee, Beete auf mehreren Ebenen zu planen. Niedrige Pflanzen können unter hochwachsenden leben, so bleibt der Boden ganz bedeckt. Waldmeister, Veilchen und Wald-Erdbeeren zum Beispiel ducken sich überall durch, ohne großen Stauden wie Herbst-Anemonen oder Kerzen-Wiesenknöterich Konkurrenz zu machen. Auch der Gundermann, ein Wildkraut mit lecker-würzigen Blättern und blauen Blüten, kriecht unter anderen Pflanzen entlang. Wo er stört, sind seine Ranken schnell gejätet. Zwiebelblumen geben die Frühschicht als Bollwerk gegen anfliegende Unkrautsamen.

Frisch oder angetrocknet schützt eine dünne Schicht Rasenschnitt den Boden und versorgt ihn mit Stickstoff.

## *Mulch gratis*

Ein gut geplantes Beet ist also eine eingeschworene Gemeinschaft, in die man nur noch wenig eingreifen muss. Als zusätzliche Maßnahme hilft es, den Boden mit Rasenschnitt oder selbst geschredderten Holzhäckseln zu mulchen – als netter Nebeneffekt spart das einerseits gekauften Mulch fragwürdiger Herkunft im Plastiksack und andererseits den Einsatz von Mülltüten, um den Strauchschnitt zum Entsorger zu transportieren.

Unkrautkeimlinge bekommen durch den Mulch eins auf die Mütze und ersticken unter der Schicht, Regenwürmer und Pilze dagegen freuen sich, so steigt auf Dauer die Bodenfruchtbarkeit. Im Herbst wird das Falllaub auf die Beete geharkt, wo es das Heranwachsen unerwünschter Pflanzen verhindert, die einen milden Winter gern für die Familienplanung ausnutzen.

Zu viel des Guten ist Mulch aber bei mageren, trockenen Beeten. Hier würde er mit der Zeit zusätzlichen Stickstoff in den Boden einbringen, der die Stauden und Zwergsträucher schwächt und ihre Lebenserwartung verkürzt, denn daran sind sie nicht angepasst. Hier hat sich ein anorganischer Mulch bewährt, zum Beispiel feine Kiesel, Splitt, Sand oder Lavamulch. Er ist haltbar und stört auch Nacktschnecken ganz kolossal.

Mit ein bisschen Glück bekommt man selbst kleine Mengen im Baustoffzentrum lose und ohne Plastiksack angeboten. Manchmal fällt Schotter auch im Garten an, wenn Wege oder Pflasterflächen verkleinert werden – die Gunst der Stunde kann man direkt zur Anlage eines Magerbeets (Seite 68) oder zum Mulchen nutzen.

Rauling ist ein guter Bodendecker im Schatten, der sogar Giersch unterdrückt, und noch dazu essbar ist.

#machsnachhaltig

# WAS ZUM KNABBERN: VOGEL-FUTTER

Ob grün oder orange: Meisenknödel kommen meist in einem Plastiknetz daher.

Meisenknödel sind normalerweise mit einem Plastiknetz bekleidet. Es passiert zwar zum Glück selten, doch ein Vogel kann sich mit den Füßen darin verheddern und sterben, wenn den Unglücksraben niemand rechtzeitig befreit. Hängt man den Knödel nicht gut gesichert auf, bekommt er außerdem schnell Flügel oder Beine: Elstern, Krähen oder Eichhörnchen schnappen ihn sich, was mit dem Plastik drum herum wie in einem Einkaufsnetz sehr einfach geht, und entnehmen an einem sicheren Ort die leckere Füllung. Da sie sich aber nicht ums fachgerechte Recycling kümmern (das aber auch nicht gut klappt, da die Netze dazu neigen, die Sortieranlage zu verstopfen), liegt das Netz dann leer irgendwo herum, gefährdet andere Tiere oder beginnt seine Karriere fortan als Mikroplastik. Mittlerweile gibt es Meisenknödel auch ohne Netz, die man in einem Drahtkäfig serviert, doch meistens kommen sie in so einem massiven Plastikeimer daher, dass man das Vogelfutter am besten von Grund auf selbst macht. So ist es auch garantiert frei von Palmöl und Ambrosia-Samen, wir können sogar eine Biovariante herstellen. Rindertalg bekommst du beim Metzger. Wenn du ein eigenes Gefäß mitbringst, gelingt der Einkauf plastikfrei. Es gibt aber auch Rindertalg abgefüllt in Schraubgläsern oder Dosen. Kokosfett ist ebenfalls im Glas erhältlich, auch in Bioqualität.

### Hausmischung

| | |
|---|---|
| 300 g | Rindertalg oder Kokosfett |
| 2 EL | Speiseöl |
| 300 g | Sämereien (Sonnenblumenkerne, Hirse, Haferflocken, Leinsaat), Gehackte Nüsse (Hasel-, Erdnüsse) |
| | Plätzchenformen |
| | Kiefernzapfen |
| | Schnur |

*Die fertigen Energieladungen für Gartenvögel können nun so aufgehängt werden, dass Vögel freien Anflug haben.*

1. Erhitze das Fett im Topf, bis es flüssig geworden ist.
2. Gib das Speiseöl hinzu. Es dient dazu, die Masse auch bei niedrigen Temperaturen geschmeidig zu halten.
3. Jetzt kannst du die Körner und Nüsse einrühren.
4. Lass den Topf so lange stehen, bis die Masse noch formbar, aber nicht mehr heiß ist. In der Zwischenzeit kannst du durch die Kiefernzapfen und die Plätzchenformen ein Stück Schnur zum Aufhängen fädeln und verknoten.
5. Streiche die Vogelfuttermasse in die Formen und auf die Zapfen.
6. Wenn alles fest geworden ist, dürfen die Kalorienbomben in den Garten. Falls du keine Angst vor dem Verschleppen der Metallteile durch Rabenvögel oder Eichhörnchen haben musst, können die Formen mit in den Garten, ansonsten musst du sie entfernen.
7. Ist etwas von der Futtermasse übrig geblieben, kannst du sie einfach auf Baumrinde, Totholz oder in kleine Astlöcher streichen, um dem Baumläufer auch einen Snack anzubieten.

#machsnachhaltig

# UND NACH DER ARBEIT: HÄNDE WASCHEN

Dreck unter den Fingernägeln gilt unter Gärtnern eher als Auszeichnung denn als Makel, aber trotzdem will man sich nach der Gartenarbeit die Hände waschen. Doch was tun, wenn man einen Kleingarten hat ohne Anschluss an die Kanalisation? Trinkwasser kann man sich von zu Hause mitbringen oder man filtert aufgefangenes Regenwasser. Doch möchte man Seife verwenden, wäre es schön, wenn diese biologisch abbaubar wäre und das verschmutzte Wasser nach Gebrauch einfach in den Garten geschüttet werden könnte, zusammen mit dem Spülwasser vom Geschirr der Kaffeepause. Und was wäre biologischer als Seife oder Spülmittel aus Pflanzenmaterial?

Grünzeug, das Saponine enthält, eignet sich dafür. Natürlich kannst du diese pflanzlichen Waschmittel auch zu Hause verwenden, die Kläranlage wird sich dann ebenfalls freuen, außerdem sparst du Verpackungsmüll. Die Mittel halten nicht so lange wie gekaufte. Am besten bereitest du sie kurz vor einem Schrebergartentag zu und brauchst alles auf. Im Kühlschrank halten die Seifen aber wochenlang. Und vor dem Spülen hilft der alte Campingtrick, Arbeit und Spülmittel zu sparen: Leer gegessene Suppenteller einfach mit einem Stück Brot auswischen.

## *Der Name ist Programm: Seifenkraut*

Das Echte Seifenkraut (*Saponaria officinalis*) sollte in keinem Garten fehlen. Die heimische Staude mit den rosafarbenen Propellerblüten im Sommer wächst von ganz allein an sonnigen bis halbschattigen Plätzen und muss noch nicht einmal gegossen werden. Abends duften die Blüten und ziehen Nachtfalter an. Nur hinter den Ausläufern muss man ein bisschen her sein, doch das ist schließlich eine gute Gelegenheit, die Seife zuzubereiten.

Möchtest du die oberirdischen Teile verwenden, musst du sie trocknen und in heißem Wasser einweichen. Doch obwohl die Pflanze Seifenkraut und nicht Seifenwurzel heißt, habe ich gute Erfahrungen damit gemacht, das frische Rhizom statt der Blätter zur Herstellung von Spülmittel und Seife zu nutzen.

### So geht's:

1. Zunächst musst du die Wurzel freilegen, dann die dicken Bestandteile vom Grün und von Erde befreien.
2. Ein bisschen unpraktisch ist es schon, wenn man den pflanzlichen Seifenspender selbst erst waschen muss, aber zum Abspülen kannst du einen Eimer mit Regenwasser verwenden, das du danach einfach zum Gießen nutzen kannst.
3. Zerreibe die Wurzeln mit der Küchenreibe möglichst fein und gib die Stücke in eine Schüssel mit lauwarmem oder kaltem Wasser. Nach einigem Rühren schäumt es schon.
4. Du kannst die gefüllte Schüssel nun direkt zum Spülen von leicht verschmutztem Geschirr verwenden oder sie als Seife in einen Seifenspender oder ein Schraubdeckelglas abfüllen. Wenn die Wurzelstücke stören, gießt du die Lösung durch ein feines Sieb.

## Spülmittel aus Efeu – ganz und gar grün

Man kann die immergrüne Kletterpflanze das ganze Jahr über beernten. Zur Herstellung benötigst du 50 g klein geschnittene Efeublätter auf 500 ml Wasser.

### So geht's:

1. Koche die Blätter etwa 5 Minuten in einem Topf auf.
2. Gib alles in ein Schraubdeckelglas und schüttele immer wieder, bis sich genügend Schaum zeigt. Dann können die Efeublätter abgefiltert werden, fertig ist das grüne Spülmittel.
3. Für einen Spüldurchgang gib am besten die gesamte hergestellte Flüssigkeit ins Wasser, da die Seifenwirkung sonst zu gering ist. Am Ende das Geschirr noch mal mit klarem Wasser abspülen.

# #MACHS-NACHHALTIG-INFOS

Wo gibt es frische Weidenruten für den lebenden Zaun und wie kommt man an Bewässerungshilfen aus Ton? Hier findet du Infos rund um käufliche kunststofffreie Produkte für den Garten sowie nützliche Webseiten und Bücher, die deinen Garten plastikfrei machen.

# Bezugsquellen

### Allgäu Stauden
(Bioland-Gärtnerei mit Pflanzenversand in Stroh)
Weipoldshofen 2
88299 Leutkirch
www.allgaeustauden.de

### Aries Umweltprodukte
(Bioland-Schafwollpellets als Dünger und Wasserspeicher in der Pappschachtel)
Stapeler Dorfstr. 23
27367 Horstedt
www.aries.de

### Bingenheimer Saatgut
(Biosaatgut von Gemüse, Blumen, Kräutern und Gründünger, Zwiebeln und Jungpflanzen)
Kronstr. 24
61209 Echzell
www.bingenheimersaatgut.de

### Bio Green
(Bewässerungssysteme aus Ton für die Aufnahme von Weinflaschen sowie Ollas für Hochbeete)
Marburger Str. 1 b
35649 Bischoffen-Oberweidbach
biogreen.world/de/

### Denk-Keramik
(Keramik pur: Hummel-Burg, Igel-Schnecke, Bienenhotel, Vogeltränke)
Neershofer Str. 123–125
96450 Coburg
www.denk-keramik.de

### Felco Europe
(Haltbare Gartenscheren, im Einzelhandel erhältlich)
Ludwigsburger Str. 71
71691 Freiberg/Neckar
www.felco.com

### Staudengärtnerei Gaißmayer
(Pflanzenversand mit möglichst wenig Plastik, vieles in Bioqualität)
Jungviehweide 3
89257 Illertissen
www.gaissmayer.de

### Bioland Hof Jeebel
(Rasenkante aus Blech, Komposter aus Ton und Metall, Biosaatgut und -pflanzen, Hochbeet aus Haselruten oder Metall, Heidekraut- und Staketenzaun, Mulchpapier, Biobaumwoll-Abdeckgaze u. a.)
Jeebel 17
29410 Salzwedel
www.biogartenversand.de

### Manufactum
(Regentonnen, Gießkannen und vieles mehr ohne Plastik)
Hiberniastr. 5
45731 Waltrop
www.manufactum.de

### Neudorff
(Robuster Thermokomposter aus z. T. Recycling-Kunststoff, der lange hält)
An der Mühle 3
31860 Emmerthal
www.neudorff.de

**Niem-Handel Gerald Moser**
(Kokosquelltöpfe mit Baumwollnetz, Waschnüsse)
Waldstr. 3
64579 Gernsheim
www.niem-handel.de

**Okatsune**
(Japanische Scheren aus Holz und Metall)
www.okatsune-europe.com

**Opinel**
(Staudensichel, Sägen und Messer aus Holz und Metall)
www.opinel.com/en

**Pottburri**
(Gartenkompostierbarer Pflanztopf aus Sonnenblumenschalen)
Carl-Kühne-Str. 8
47638 Straelen-Herongen
www.pottburri.de

**Re-natur**
(Weidenruten für lebende Zäune im Onlineshop)
Charles-Roß-Weg 24
24601 Ruhwinkel
www.re-natur.de

**Gärtnerei Strickler**
(Pflanzenversand mit möglichst wenig Plastik in Bioqualität)
Lochgasse 1
55232 Alzey-Heimersheim
www.gaertnerei-strickler.de

**Gärtnerei Teske**
(Im Frühjahr und Herbst Stauden als Feldware, d. h. wurzelnackt ohne Topf)
Groß Woltersdorfer Damm 1
16928 Pritzwalk
www.gaertnereiteske.de

**Tretorn**
(Robuste Gummistiefel und Jacken aus Recycling-Kunststoff oder biologisch abbaubar)
de.tretorn.com

**Gartenbedarf-Versand Richard Ward**
(Schnur aus Jute und Baumwolle, Beetkante und Gießkanne aus Stahl, Tonkegel als Bewässerungshilfe, Tropfschläuche aus alten Autoreifen, Werkzeuge aus Stahl und Holz, Jute-Kletternetz)
Ottobeurer Str. 46 a
87733 Markt Rettenbach
www.gartenbedarf-versand.de

**Weidenprofi Naturgeflechte**
(Haltbare Holzkästen und -kübel, Rankelemente, Körbe, Sichtschutz- und Flechtzäune, Weidenmöbel)
Raiffeisenstr. 21
86167 Augsburg
www.weidenprofi.de

*Lenzrosen können beides: Uralt werden und gleichzeitig von selbst für Nachwuchs sorgen.*

# Zum Weiterlesen


Fröhlich, Marion, Sturm, Hans P.: Weidenflechtwerke: Lebendige Strukturen im Garten, Verlag Eugen Ulmer 2008

Goulson, Dave: Wildlife Gardening: Die Kunst, im eigenen Garten die Welt zu retten, Carl Hanser Verlag 2019

Göppert, Melanie: Zero Waste Kosmetik, Verlag Eugen Ulmer 2020

Heistinger, Andrea: Biodünger selber machen. Regenwurmhumus. Gründüngung. Kompost, Löwenzahn Verlag 2014

Heistinger, Andrea: Handbuch Bio-Balkongarten. Gemüse, Obst und Kräuter auf kleiner Fläche ernten, Löwenzahn Verlag, 4. Auflage 2013

Kawollek, Wolfgang, Kawollek, Marco: Alles über Pflanzenvermehrung: Vegetative Vermehrung und Samenanzucht, Verlag Eugen Ulmer, 3. Auflage 2021

Lepple, Annette: Genießen statt Gießen, Verlag Eugen Ulmer, 2. Auflage 2020

Lepple, Annette: Mein Wabi Sabi-Garten: Respektvoll gestalten, achtsam genießen. Der Weg zum perfekt unperfekten Garten, Verlag Eugen Ulmer 2020

Lorey, Heidi: Gemüse und Blumen aus eigenem Saatgut: Samen vermehren und erhalten, Verlag Eugen Ulmer 2017

Polak, Paula: Regenwasser im Garten nachhaltig nutzen: Naturnah planen, bauen und gestalten, pala Verlag 2011

Raupach, Melissa, Lill, Felix: Regrow your veggies: Gemüsereste endlos nachwachsen lassen, Verlag Eugen Ulmer 2018

Reif, Jonas, Kreß, Christian: Blackbox-Gardening: Mit versamenden Pflanzen Gärten gestalten, Verlag Eugen Ulmer 2014

Schwarzer, Elke: Heimische Pflanzen für den Garten, Verlag Eugen Ulmer, 2. Auflage 2019

Schwarzer, Elke: Mein Bienengarten, Verlag Eugen Ulmer, 2. Auflage 2020

Schwarzer, Elke: Mein Schmetterlingsgarten, Verlag Eugen Ulmer 2019

Schwarzer, Elke: Meise mag Melisse, Verlag Eugen Ulmer 2020

Steiner, Lynn M.: Rain Gardens: Sustainable Landscaping for a Beautiful Yard and a Healthy World, Voyageur Press 2012

*Direkt aus der Samentüte ins Beet gesät, brauchen die Sommerblumen keinen Plastiktopf.*

## Im Netz

**www.blauer-engel.de**
Informationen zu kompostierbaren Töpfen, umweltfreundlichen Gartengeräten und Produkten aus Recycling-Kunststoff

**www.bund.net/themen/naturschutz/moore-und-torf/torffrei-gaertnern/**
Gärtnern ohne Torf

**www.die-nachwachsende-produktwelt.de**
Zusammenstellung von Produkten aus nachwachsenden Rohstoffen, sortiert nach Kategorien

**www.dresden.de/de/stadtraum/umwelt/umwelt/055/06/03/regenwasser-flaeche-versickerung.php**
Hier lässt sich der Flächenbedarf für eine Sickermulde berechnen

**guenstiggaertnern.blogspot.de**
Der Gartenblog der Autorin

**www.handmadekultur.de/projekte/upcycling**
Ideen zum Upcycling

**www.kompost.de**
Suche nach Kompostieranlagen in deiner Nähe mit Filter nach Kompost, der für den Ökolandbau geeignet ist

**www.naturgarten.org**
Alles über den Naturgarten

**www.pumpipumpe.ch**
Vermittelt Geräte zum Ausleihen für Privatleute, auch in Deutschland

**www.utopia.de**
Plastikfrei leben, DIY-Anleitungen

**www.zero-waste-deutschland.de**
Tipps zum Leben ohne Plastik, nachhaltige Produkte

## Mein Dank ...

... gilt den folgenden Gärten für die vielen plastikfreien Inspirationen, die ich für dieses Buch fotografieren durfte:

**De Tuinen van Appeltern**
Walstraat 2 a
NL-6629 AD Appeltern

**Hohenloher Freilandmuseum Schwäbisch Hall-Wackershofen**
Dorfstr. 53
74523 Schwäbisch Hall-Wackershofen

**Volmary GmbH**
Kaldenhofer Weg 70
48155 Münster

# Register


**A**

Alternative Materialien 12, 14
Altglas 93
Anbinden 79
Anziehen und Pflanzen 21
Anzuchtgefäße 32
Anzuchttöpfegefäße aus Zeitungspapier 42
Aussaat 23, 27, 28

**B**

Badewanne als Hochbeet 41
Balkon 34, 39, 40, 44
Balkonkästen 34
Bambus 88
Beetbegrenzungen 92
Beinwelljauche 71
Benjes-Hecke 97
Besen 103
Bewehrungseisen 86
Bindematerial 80
Bindungsfähige Pflanzen 82
Binsen 85
Bioplastik 14
Blähton 45
Blauer Engel 31
Blumenerde 44
Blumenzwiebeln 16, 22
Bodendecker 54
Bogenhanf 82
Bokashi 45
Brennnesseljauche 71
*Bryonia dioica* 84

**C**

*Cornus alba* 89
*Cornus sanguinea* 89
Cortenstahl 13, 92
*Corylus avellana* 90

**D**

Düngen 66

**E**

Edelstahl 13
Eierkartons 32
Eierschalen 33, 72
Eimer 110
Einblatt 85
Erosionsschutzmatten 49
*Euonymus europaeus* 83

**F**

Falllaub 115
*Fargesia* spec. 88
Flechtzäune 89, 94, 97
Flüssigdünger, selbst gemacht 70
FSC-Siegel 108

**G**

Gartengeräte 16, 18, 102
Gartenkleidung 104
Gartenmöbel 108
Gartenschere 102
Gartenwerkzeugtasche aus einer alten Jeans 106
Gesteinsmehl 70
Gießen 52, 56, 58
Gießkannen 52
Grasschnitt 44, 72
Gründünger 74
Grundwasserspiegel 56, 61
Gummistiefel 104

**H**

Hände waschen 118
Handschuhe 104
Hartriegel 89
Haselnuss 90
Hauswurz 18, 39
Hecken 96
Hochbeet 41
Holzfässer 56
Holzhäcksel 115
Hornspäne 66

**I**

Infrarot-Scanner 8, 30

**J**

Jauche 71
*Juncus* spec. 85
Jute 14, 30, 80, 82, 111

**K**

Kaffeesäcke 111
Kaffeesatz 44, 72
Kartoffel 40
Klebstoff, selbst gemacht 29
Knieschoner 104
Kokosbriketts 45
Kokosfasern 31, 32
Kokosmatten 34
Kompost 44, 66, 72
Kübel und Kästen 34, 58
Kulturschutznetz 48

**L**

Langlebige Stauden 17
Laubkompost 44, 77, 110
Lavamulch 69, 115

**M**

Magerbeete 68
Maischefässer 56
Maschendrahtzaun 96
Meisenknödel 89, 116
Mikroplastik 6
Mist 45, 66, 76
Mulch 54, 63, 71, 73, 75, 112, 115
Mulchgraben 95

**N**

Nacktschnecken 48
Neue Pflanzen 22

**O**

Obstkisten 38
Olla 18, 58

**P**

Palettentanks 56
Palettentöpfe 32
Pappkarton 112
*Parthenocissus* spec. 85
PET 9, 58
Pfaffenhütchen 83
Pferdeäpfel 76
Pflanzenjauche 70
Pflanzenschutz 48
Pflanzenstecker 46
Pflanzenvermehrung 22
Pflanzgefäße 34, 38
Pikierstab 33
PLA 15
Plastiktöpfe 30
Plastik, verstecktes 11
Polycarbonat (PC) 10
Polyethylen (PE) 10, 18, 56
Polyethylenterephthalat (PET) 9
Polylactiden (PLA) 15
Polypropylen (PP) 10
Polystyrol (PS) 10
Polyvinylchlorid (PVC) 10
Post-Consumer-Recycling 31
PVC 10

**Q**

Quelltöpfe 32

**R**

Rain-Garden 60
Rankhilfen 86, 90
Rasenkantensteine 92
Rasenschnitt 115
Recycling 8, 11, 18
Recycling-Codes 11
Regenfässer 35
Regentonnen 56, 61
Reissäcke 40
Rohphosphat 66, 67

**S**

Saatbänder und -scheiben 28
Saatgut 28
Saatscheiben 28
Säcke 110
*Salix* spec. 91
*Sansevieria* spec. 82
Schädlinge 49
Schafwolle 34, 80
Schafwollpellets 67
Schlagbuchstaben 47
Seifenkraut 118
Seife, selbst gemacht 118
Silikon 11
Sitzsäcke 111
Slow Gardening 22
Sommerblumen 23
*Spathiphyllum* spec. 85
Spülmittel, selbst gemacht 119
Staudenstützen 79, 86
Stecklingsvermehrung 24
Struvit 66
Stützende Pflanzen 88

**T**

Tauschbörsen 22
Terra Preta 76
Thermoholz 12
Thermokomposter 72
Tonkegel 59
Tontöpfe 34
Töpfe 54
Torf 44
Totholz 16, 54
Totholzzaun 16, 97, 110
Tritan 10

**U**

Unkraut 113
Unkrautfolie 112
Upcycling 19, 36, 81, 93, 94, 106
Urlaub 58

**V**

Vinasse 67
Vogelfutter 116

**W**

Weide 86, 91, 98
Weinkisten 38
Werkzeug 102
Wilder Wein 85
Wood-Plastic-Composites 15
WPC 15
Wurmkompost 45
Wurzelnackt 25

**Z**

Zäune 96
Zäune, lebende 98
Zaunrübe 84
Zeitungspapier 22, 29, 32, 42, 110
Zimmerpflanzen 25, 26
Zisternen 56

### Bildquellen

Florapress / Daniela Kunz: Titelbild
Alle übrigen Bilder stammen von der Autorin.
Zeichnungen:
Andrius Repsys / Shutterstock.com. S. 3 (Baum)
Bodor Tivadar / Shutterstock.com: S. 6 (Blatt)
Mayländer, Michaela: S. 1 (Biene), S. 5 (Blume), S. 21 (Efeublatt)
Nevada31 / Shutterstock.com: S. 51 (Gießkanne)
vividvic / Shutterstock.dom: S. 1 (Vogel)

### Impressum

Die in diesem Buch enthaltenen Empfehlungen und Angaben sind von der Autorin mit größter Sorgfalt zusammengestellt und geprüft worden. Eine Garantie für die Richtigkeit der Angaben kann aber nicht gegeben werden. Autorin und Verlag übernehmen keine Haftung für Schäden und Unfälle. Bitte setzen Sie bei der Anwendung der in diesem Buch enthaltenen Empfehlungen Ihr persönliches Urteilsvermögen ein.
Der Verlag Eugen Ulmer ist nicht verantwortlich für die Inhalte der im Buch genannten Websites.

**Bibliografische Information der Deutschen Nationalbibliothek**
Die Deutsche Nationalbibliothek verzeichnet diese Publikation in der Deutschen Nationalbibliografie; detaillierte bibliografische Daten sind im Internet über http://dnb.d-nb.de abrufbar.


Wollgrasweg 41, 70599 Stuttgart (Hohenheim)
E-Mail: info@ulmer.de
Internet: www.ulmer.de
Projektleitung: Doris Kowalzik,
Konzept: Christine Hutschenreuther
Lektorat: Antje Krause
Herstellung: Katharina Merz
Reihen- und Umschlaggestaltung: Michaela Mayländer, Stuttgart, www.sistermic.de
Satz: Katja von Ruville, Frankfurt a. M.
Reproduktion: timeRay Visualisierungen, Jettingen
Druck und Bindung: Pustet, Regensburg
Printed in Germany

MIX
Papier aus verantwortungsvollen Quellen
FSC® C014889
FSC
www.fsc.org

**ISBN 978-3-8186-1226-9**